LEKTÜRESCHLÜSSEL
FÜR SCHÜLERINNEN UND SCHÜLER

E. T. A. Hoffmann
Der Sandmann

Von Peter Bekes

Reclam

Dieser Lektüreschlüssel bezieht sich auf folgende Textausgabe: E.T.A. Hoffmann: *Der Sandmann*. Hrsg. von Rudolf Drux. Stuttgart: Reclam, 2004 [u. ö.]. (Universal-Bibliothek. 230.)

RECLAMS UNIVERSAL-BIBLIOTHEK Nr. 15354

Gesamtherstellung: Reclam, Ditzingen
Printed in Germany 2015
RECLAM, UNIVERSAL-BIBLIOTHEK und
RECLAMS UNIVERSAL-BIBLIOTHEK sind eingetragene
Marken der Philipp Reclam jun. GmbH & Co. KG, Stuttgart
ISBN 978-3-15-015354-3

Auch als E-Book erhältlich

www.reclam.de

Inhalt

1. Erstinformation zum Werk **5**

2. Inhalt **9**

3. Personen **15**

4. Werkaufbau **27**

5. Wort- und Sacherläuterungen **29**

6. Interpretation **35**

7. Autor und Zeit **48**

8. Rezeption **56**

9. Checkliste **61**

10. Lektüretipps/Filmempfehlungen **66**

Anmerkungen **70**

Raum für Notizen **71**

1. Erstinformation zum Werk

Mit den Begriffen der Romantik und des Romantischen verbindet man heute häufig Bilder und Vorstellungen, die sehr stark durch die Klischees der Werbung und der touristischen Industrie geprägt sind: etwa nostalgische Erinnerungen an Sonnenaufgänge und -untergänge am Meer, an idyllische Landschaften, vielleicht denkt man aber auch an gefühlvolle Liebe, an Spaziergänge eines Liebespaares auf einsamen Wegen in einer Mondscheinnacht. Womöglich verwendet man diese Begriffe zudem in wertender Absicht, verbindet mit ihnen Erlebnisse, Sehnsüchte und Lebensformen, die idealisiert sind, d.h., den Kontakt zur alltäglichen Wirklichkeit verloren haben.

Stilisierung und Idyllisierung der Romantik

Der Blick in die Literaturgeschichte zeigt, dass diese Vorstellungen zu eng und einseitig sind. »Romantik« und »romantisch« bezeichnen hier auch das Unheimliche, Gespenstische, Dunkle, Abgründige, ja Verborgene und Abseitige. Ein Vertreter der Romantik in diesem Sinne ist der Dichter, Komponist und Zeichner E.T.A. Hoffmann. In ihm begegnet uns eine Art Universalkünstler, vielleicht die vielseitigste, genialste, aber auch zerrissenste Persönlichkeit dieser Epoche. Er hat sich in seinen Erzählungen, Märchen und Fantasiestücken mit den »Schattenseiten der Natur«, mit der Welt des Unbewussten und des Traums, den Sphären des Fantastischen und Unheimlichen beschäftigt. Das hat ihm in der Literaturgeschichte – nicht immer in wohlwollender Absicht – den Namen des »Gespenster-Hoffmann« eingebracht. Dabei übersah man allerdings, dass

Unheimliche Romantik

seine Darstellungen des Schauerlichen und Abgründigen, die Skurrilität seiner Figuren und die wunderlichen Begebenheiten in seinen Erzählungen keine »fantastische Manier«, also Selbstzweck sind, sondern ihre poetische Wirkung gerade aus ihrem Spannungsverhältnis zur Normalität des bürgerlichen Alltagslebens entfalten. Dies ist auch charakteristisch für eine seiner bedeutendsten Erzählungen: den *Sandmann*, die 1816 (mit Druckdatum 1817) im ersten Band seines zweiteiligen Zyklus *Nachtstücke* erschien: »Vielleicht wirst du, o mein Leser!«, so rechtfertigt der Erzähler dieses Textes sein Vorhaben, die wunderbare und seltsame Lebensgeschichte von Nathanael wiederzugeben – »glauben, dass nichts wunderlicher und toller sei, als das wirkliche Leben und dass dieses der Dichter doch nur, wie in eines matt geschliffnen Spiegels dunklem Widerschein, auffassen könne« (19).

Wunderliche und seltsame Lebensgeschichte Nathanaels

Dieser Text von E.T.A. Hoffmann gehört heute zum literarischen Schulkanon, er zählt zu den meistgelesenen Erzählungen im Deutschunterricht. Im Herbst 2002 wurde er von einer Jury, die aus Schüler(inne)n, Lehrer(inne)n und Journalist(inn)en bestand, in die 50 Titel umfassende ZEIT-Schülerbibliothek gewählt.[1] Dies ist nicht verwunderlich: E.T.A. Hoffmann hat mit seiner Geschichte und ihrem Stoff sozusagen einen anthropologischen Nerv getroffen. Seit jeher faszinieren Rätselhaftes und Geheimnisvolles, das Abwegige und das Abgründige den Menschen. Mit dieser Faszination verbindet sich nicht nur das Ungenügen an der Normalität, sondern auch das Bedürfnis, alternative Formen der Wirklichkeitserfahrung kennen zu lernen. Dem wird die facettenreiche Thematik des Werkes

Die Erzählung als Schulklassiker

gerecht. Hoffmanns Darstellung der Beziehungen von Normalität und Wahnsinn, Rationalität und Mystik, Bürgertum und Künstlertum ist für Schülerinnen und Schüler nicht nur aktuell und interessant, sondern auch anregend poetisch gestaltet. Die ihr zugrunde liegende Geschichte von »Nathanaels verhängnisvollem Leben« (18) wird spannend und anschaulich erzählt, zieht den Leser rasch in ihren Bann und lässt ihn nicht mehr los. Mit der Lektüre des der Erzählung vorangestellten Briefwechsels wird er zum ständigen Begleiter des Helden, erfährt er, mit welchen fantastischen Begebenheiten dieser konfrontiert wurde und wird.

Von allen Erzählungen Hoffmanns ist *Der Sandmann* nicht nur der am häufigsten interpretierte Text, sondern, neben dem *Goldnen Topf*, auch das Werk des Dichters, das in den letzten Jahrzehnten die literaturwissenschaftliche Forschung zu immer neuen Deutungsversuchen herausgefordert hat. Mit strengen Werkanalysen wetteifern Ansätze sozial- und geisteswissenschaftlicher Art, neben psychoanalytischen Zugriffen finden sich detaillierte Untersuchungen zur erzählerischen Gestaltung sowie zur Motivik und Symbolik des Textes. Das hat seine Gründe: Der Text ist rätselhaft, hintergründig und entzieht sich durch die ständig wechselnde Perspektive eindeutiger Festlegung. Er lässt viele Fragen offen: Wo verlaufen die Grenzen von Innen- und Außenwelt, was ist Einbildung, was Realität? Woher rühren die fantastischen Ereignisse im Text? Entspringen sie, wie Nathanael, der Protagonist der Erzählung, meint, den Wirkungen eines schicksalhaften Prinzips, beruhen sie auf dem Zufall oder liegen sie – darauf besteht Clara, die Verlobte Nathanaels – in den dunklen Mächten der Innenwelt? Handelt

Die dunklen Mächte der Innenwelt

es sich um die Geschichte eines hochsensiblen Menschen, den ein erlittenes Kindheitstrauma in den Wahnsinn treibt, oder wird dieser tatsächlich verfolgt? Geht es in ihr um eine Person, die mehr und tiefer sieht als die Menschen in ihrer Umwelt, sich deshalb von ihnen nicht verstanden fühlt und zum Schluss an der selbst gewählten Isolation und ihren Selbstbezüglichkeiten und Fantasmen zugrunde geht? In Übereinstimmung mit diesen Interpretationen ist die Erzählung als Grusel-, Spuk- und Liebesgeschichte, als psychopathologische Fallstudie und als Künstlernovelle, als Bürgersatire und Groteske charakterisiert worden. Alle diese Deutungsansätze besitzen eine gewisse Berechtigung.

Psychopathologische Fallstudie oder Künstlernovelle?

Wenn man sie aber verabsolutiert, werden sie dem *Sandmann* in seiner Vielschichtigkeit und Komplexität nicht gerecht. Im Facettenreichtum und in der Vielbezüglichkeit seiner Themen und Motive, vor allem aber in den mannigfaltigen perspektivischen Brechungen stellt der Text sicherlich das radikalste Erzählexperiment des Autors dar. In ihm steckt ein großes ästhetisches Beteiligungspotential für den Leser, Reiz und Herausforderung zugleich, sich produktiv mit ihm zu beschäftigen.

2. Inhalt

Die Abfassung einer Inhaltsangabe zu Hoffmanns Erzählung *Der Sandmann* sieht sich mit der Schwierigkeit konfrontiert, das in der Geschichte dargestellte Geschehen nicht immer eindeutig erfassen zu können. An vielen Stellen bleibt der Text hintergründig und rätselhaft. Hier lässt der Dichter offen, ob das, was erinnert bzw. erzählt wird, einer getrübten bzw. verzerrten Wahrnehmung des Protagonisten entsprungen oder tatsächlich so geschehen ist. Im Einzelfall ist also immer genau auf die Perspektive und den Modus der erzählerischen Vermittlung zu achten.

Probleme der Inhaltsangabe

Die Erzählung beginnt mit einem Briefwechsel zwischen dem Studenten Nathanael, seiner Verlobten Clara und ihrem Bruder Lothar. In seinem Brief an Lothar erzählt Nathanael von einer merkwürdigen Begegnung mit dem Wetterglashändler Coppola, die ihn stark verunsichert und schlimme Erinnerungen an seine Kindheit in ihm wachgerufen habe. In Coppola meint Nathanael den Advokaten Coppelius, einen Bekannten seines Vaters, wiedererkannt zu haben, den er auf Grund seines unfreundlichen Auftretens, seines hässlichen Erscheinungsbildes und seiner dämonischen Ausstrahlung stets als bösen, grausamen Sandmann gefürchtet hatte. Dieser Coppelius habe den Vater – zum Unwillen der Familie – abends häufiger besucht, um mit ihm geheimnisvolle Laborversuche durchzuführen. Beide Männer habe er mit Grausen bei einem ihrer »teuflischen« Experimente beobachtet, sei aber von Coppelius entdeckt

Nathanaels Kindheitstrauma

und von ihm grausam misshandelt worden. Dann sei er in Ohnmacht und in ein heftiges Fieber gefallen, von dem er sich aber kurze Zeit später wieder erholt habe. Ein Jahr nach diesem schockierenden Vorfall sei Coppelius nochmals erschienen, habe wiederum zusammen mit dem Vater experimentiert. Dabei sei es zu einer schweren Explosion gekommen, die den Vater tödlich verletzte. Durch den friedlichen und milden Gesichtsausdruck des Toten sei in ihm aber die Zuversicht geweckt worden, dass seines Vaters »Bund mit dem teuflischen Coppelius ihn nicht ins ewige Verderben gestürzt haben könne« (11).

Clara als Aufklärerin

Es ist ein Ausdruck großer innerer Unruhe und Verunsicherung, dass Nathanael den für Lothar bestimmten Brief an Clara adressiert, so dass diese unversehens in den Briefwechsel einbezogen wird. In ihrem Antwortschreiben will Clara dem Verlobten die Ängste nehmen, indem sie diese auf reale Ursachen zurückführt. Sie versucht ihm deutlich zu machen, dass »alles Entsetzliche und Schreckliche« (13), wovon er geschrieben habe, nur in seinem Innern vorgegangen sei. Dass dunkle Mächte existieren können, bestreitet sie nicht. Unheilvollen Einfluss könnten sie aber, so ihre Argumentation, erst dann auf den Menschen gewinnen, wenn dieser an ihre Gewalt glaube. Für sie ist klar, was Realität, was Wahn in der Erlebniswelt des Knaben war. »Das unheimliche Treiben mit dem Vater zur Nachtzeit« führt sie auf »alchymistische Versuche« (13) der beiden Beteiligten zurück. Im Tod des Vaters sieht sie lediglich einen Unglücksfall. Durch einen klaren Verstand und durch Heiterkeit, so ihr nüchternes Fazit, könne Nathanael seine gegenwärtige Angst überwinden. Diese entspringe letztlich einer subjektiven Verknüpfung zwischen dem Ammenmärchen vom Sandmann und seinen traumatischen Kindheitserinnerungen an Coppelius.

In seinem Brief an Lothar ist Nathanael verärgert über die Verständnislosigkeit Claras und weist ihre Erklärungsversuche empört als schulmeisterlich zurück. Gleichwohl hat der Brief Wirkungen bei ihm hinterlassen. Nun stellt er selbst die Identität von Coppelius und Coppola in Frage. Des Weiteren berichtet er von der Ankunft eines Professors Spalanzani in der Stadt, bei dem er Vorlesungen höre. Ganz unheimlich sei ihm zu Mute gewesen, als er erstmals dessen schöne Tochter Olimpia erblickt habe. Am Schluss des Briefes kündigt Nathanael seine baldige Rückkehr nach Hause an.

Probleme, die Geschichte zu beginnen

Erst nach diesem Briefwechsel schaltet sich der Erzähler ein. Er wendet sich an den Leser und sucht nach Worten der Klärung und Rechtfertigung für diesen merkwürdigen Textbeginn. Alternativ dazu spielt er hypothetisch verschiedene Möglichkeiten durch, die Geschichte Nathanaels zu eröffnen. Im Anschluss daran rekapituliert er die Vorgeschichte des Protagonisten, berichtet, dass Nathanaels Mutter Clara und Lothar, als sie Waisen wurden, aufgenommen und Nathanael sich später mit Clara verlobt habe. Nach der Begegnung mit Coppola, die im Briefwechsel thematisch wurde, kehrt Nathanael in seine Heimatstadt zurück. Dort kommt es aber zu Konflikten mit der Verlobten, da ihn die Ereignisse der Vergangenheit nicht loslassen. Immer wieder versucht sie ihm deshalb klar zu machen, dass sein Selbst- und Wirklichkeitsverständnis verzerrt sei, auf mystischen Schwärmereien und Einbildungen beruhe. Vor allem

Konflikt zwischen Nathanael und Clara und ihre Versöhnung

langweilen sie die unverständlichen Dichtungen, die er ihr häufiger vorträgt. Darauf reagiert Nathanael verärgert und wirft ihr vor, dass sie wenig Verständnis für ihn aufbringe. Es kommt zum offenen Zerwürfnis, als Nathanael ihr ein Gedicht vorträgt, in dem er die düstere Ahnung äußert, dass Coppelius ihr Liebesglück stören werde. Sie fordert ihn auf, das »wahnsinnige Märchen« (25) ins Feuer zu werfen. Empört über ihre »herzlose« Reaktion, stößt er sie zurück und beschimpft sie als leblosen, verdammten Automaten. Lothar ergreift Partei für die Schwester und fordert Vergeltung. Ein Duell zwischen beiden erscheint unausweichlich. Dieses wird aber durch Claras beherztes Eingreifen im letzten Augenblick verhindert. Dank ihrer gütigen Vermittlung versöhnen sich die drei wieder.

Nach Rückkehr an seinem Studienort erfährt Nathanael, dass das Haus, in dem er wohnte, inzwischen abgebrannt sei. Freunde haben ihm aber eine neue Unterkunft verschafft. Das Zimmer, das er bezieht, liegt direkt gegenüber der Wohnung von Professor Spalanzani. So hat er Gelegenheit, täglich dessen Tochter Olimpia zu betrachten. Hier besucht ihn der Wetterglashändler Coppola, um ihm verschiedene optische Gläser zum Verkauf anzubieten. Nathanael kauft ihm schließlich ein Perspektiv ab. Dieses nutzt er fortan, um Olimpia zu beobachten, und gerät so zunehmend in ihren Bann. In dem Maße, wie ihn Olimpias Schönheit fesselt, verblasst in ihm das Bild Claras.

Beobachtung Olimpias durch Coppolas Fernrohr

Von seinem Studienfreund Siegmund erfährt er, dass Professor Spalanzani ein großes Fest gebe, auf dem er seine Tochter Olimpia in die Gesellschaft einführen wolle. Auch Nathanael erhält eine Einladung. Während des Festes spielt

Öffentliche Vorstellung Olimpias auf Spalanzanis Fest

Olimpia mit großer Kunstfertigkeit den Flügel und trägt dazu eine »Bavour-Arie« vor. Nathanael tanzt mehrfach mit ihr und verliebt sich in sie. Obwohl sie monoton immer nur dasselbe Wort wiederholt und sich mechanisch bewegt, erkennt er nicht, dass sie eine leblose Puppe ist. Fortan wirbt er bei Spalanzani um Olimpia, lässt keine Gelegenheit aus, sie zu besuchen und ihr seine poetischen Werke vorzutragen. In ihr findet er – im Kontrast zu Clara – eine aufmerksame Zuhörerin; nur von ihr fühlt er sich ganz verstanden.

Kampf um Olimpia zwischen Coppola und Spalanzani

Zufällig wird er auf der Treppe zu Spalanzanis Wohnung Zeuge einer heftigen Auseinandersetzung zwischen Spalanzani und Coppola. Objekt ihres Zankes ist eine weibliche Figur, in der Nathanael im Verlauf des Kampfes Olimpia erkennt. Als der verletzte Spalanzani Olimpias Augen, die auf den Boden gefallen sind, ergreift und sie gegen Nathanael schleudert, erkennt dieser an den schwarzen Augenhöhlen im todbleichen Wachsgesicht, dass Olimpia eine leblose Puppe ist. Darauf packt ihn »der Wahnsinn mit glühenden Krallen« (38). Nach diesem Aufsehen erregenden Vorfall ist Coppola spurlos verschwunden, auch Spalanzani muss die Stadt verlassen.

Der Erzähler nutzt diesen Vorfall für ein kurzes satirisches Intermezzo. Mit ironischen Bemerkungen kommentiert er dessen Auswirkungen auf die bürgerliche Gesellschaft, macht deutlich, dass sie sich von Spalanzani betrogen fühlt.

Nathanael kehrt nach diesem Ereignis krank in seine Heimatstadt zurück, wo er von Clara liebevoll gepflegt wird und zu genesen scheint. Doch das gemeinsame Glück währt

Katastrophe – der Tod Nathanaels

nicht lange. Paradoxerweise löst Clara selbst die Katastrophe aus. Bei einem Besuch in der Stadt besteigen beide den Ratsturm. Als Clara ihn auf einen »sonderbaren kleinen grauen Busch« (41) aufmerksam macht, ergreift Nathanael Coppolas Perspektiv. Durch dieses schaut er seitwärts zu Clara und meint in ihr plötzlich die leblose Holzpuppe wiederzuerkennen. Ein letztes Mal wendet sich die Handlung. Erneut überwältigen ihn seine Fantasien und Projektionen. In geistiger Verwirrung versucht er Clara vom Turm zu stoßen, doch Lothar kann die Schwester im letzten Augenblick retten. In der Menschenmenge, die sich unter ihnen versammelt hat, taucht plötzlich »riesengroß« (42) der Advokat Coppelius auf. Als Nathanael ihn von oben erkennt, stürzt er sich vom Turm und kommt zu Tode. Danach ist Coppelius verschwunden. Trotz dieser schrecklichen Ereignisse scheint Clara später doch noch – so versichert zum Schluss der Erzähler, freilich nicht ohne ironischen Unterton – »das ruhige häusliche Glück« gefunden zu haben, ein Glück, »was ihrem heitern lebenslustigen Sinn zusagte und das ihr der im Innern zerrissene Nathanael niemals hätte gewähren können« (42).

3. Personen

Was für die inhaltliche Wiedergabe der Handlung des Textes gilt, trifft auch auf die Charakterisierung und Beurteilung der Figuren und ihrer Beziehungen untereinander zu: Je nachdem welche Perspektive man einnimmt, fällt diese recht unterschiedlich aus. Nicht zuletzt in dieser Vieldeutigkeit der Personen liegt der Reiz der Erzählung, dem sie ihre anhaltende Faszination verdankt.

Nathanael. Nathanael ist die Hauptfigur der Geschichte; er ist Subjekt und Objekt der Handlung, damit zugleich Bezugspunkt für den Leser. Der Erzähler schildert Stationen seiner Biografie. Diese realisiert sich allerdings nicht, wie man das etwa aus dem klassischen Entwicklungs- bzw. Bildungsroman kennt, als kontinuierliche Auseinandersetzung mit der Wirklichkeit, die den Helden am Ende – trotz aller Anfechtungen, Enttäuschungen und Irritationen – zu einer mit sich selbst identischen Persönlichkeit reifen lässt, die in der Zukunft den Anforderungen des praktisch-tätigen Lebens gewachsen erscheint. Nathanaels Biografie ist die Geschichte des zunehmenden psychischen Verfalls und Zerfalls eines Menschen. Initialmoment dieser negativen Entwicklungsgeschichte »ist die aus einem in der Kindheit erlittenen Schock entspringende Wahrnehmungskrise«[2] des Helden, die seine Persönlichkeitsstruktur zerrüttet und ihn schließlich in die Katastrophe treibt.

Biografie als Verfallsgeschichte

Nathanael wächst behütet in einer bürgerlichen Familie auf. Doch nimmt der hochsensible Junge intuitiv wahr, dass zwischen den Eltern Spannungen bestehen, die er auf merkwürdige, ihm unverständliche Dinge zurückführt. Dadurch gerät er zusehends in einen Zustand nervöser innerer Anspannung. So flüchtet er mehr und mehr in eine Welt der Fantasien und Träume. Für alles Abenteuerliche, Wunderbare und Mysteriöse ist er empfänglich, so auch für die Gruselgeschichte vom Sandmann, die man ihm in seinem familiären Umfeld erzählt. Da ihm aber für das Wunderliche, das er zu hören bekommt, ein Korrektiv fehlt, stimulieren die Hörerlebnisse sein kindliches Gemüt dergestalt, dass er zwischen Fiktion und Wirklichkeit nicht mehr unterscheiden kann. Prägend für sein weiteres Leben ist die Begegnung mit Coppelius, der ihm – das schreckliche Bild lässt ihn nicht los – seine Augen rauben wollte. Dieses Erlebnis wird ihm zum Trauma und hinterlässt eine seelische Wunde, die nicht mehr ausheilt. Als Nathanael in der späteren Begegnung mit Coppola Coppelius leibhaftig vor sich zu haben glaubt, reißt sie erneut auf.

Nathanaels Flucht in die Fantasiewelt

Nathanael ist kein zuverlässiger Zeuge und Berichterstatter der Geschehnisse. Immer wieder überlagern Wahnvorstellungen und Illusionen seine Wahrnehmungen und Erinnerungen. Zwischen Wirklichkeit und Fantasie, Sein und Schein kann er nicht unterscheiden. Was er wahrnimmt, wird mehr und mehr Ausdruck seiner narzisstischen Strebungen, ist Projektion seiner Wünsche. Sinnfällig wird das besonders, wenn er durch das von Coppola gekaufte Perspektiv schaut: Dieses verengt, verzerrt buchstäblich perspektivisch seine Wahrnehmungsmöglichkeiten und schränkt sein Erkenntnisvermögen ein. Mit ihm projiziert er in magischer Weise seine Gefühle auf Olimpia,

Eingeschränktes Wahrnehmungsvermögen

sie wird ihm zum Spiegel eigener Fantasien, in ihr liebt er nur noch sich selbst. Mit der Zerstörung Olimpias verliert er deshalb seine existenzielle Basis.

Aus seinen Eingebungen und Einbildungen nährt sich sein poetisches Gemüt, sein Hang zur mystischen Schwärmerei. Immer wieder neu entzündet sich dieses an seinen überbordenden Fantasien und düsteren Visionen. Diese lassen ihn die Wirklichkeit verkennen und das Alltagsleben verfehlen. In dem Maße, wie sie Macht über ihn gewinnen, wie ihm die Umwelt nur noch zur Projektionsfläche der Strebungen seines Gefühlslebens wird, isoliert er sich von seinen Mitmenschen, entfremdet er sich den Freunden und schließlich auch der Verlobten. Zunehmend verständnisloser reagieren diese auf seine poetischen Versuche, sodass es unausweichlich zu Konflikten kommt.

Nathanael als romantischer Künstler

Damit scheint sich Nathanael dem in vielen Werken der Romantik gestalteten Typus des Künstlers anzunähern, wird doch in ihnen gerade immer wieder der Künstler wahrgenommen »als unverstandener, an sich und der Welt leidender, in sich zerrissener, tragisch isolierter Außenseiter und Fremdling, dem Liebe und Glück versagt bleiben«[3]. Dennoch, bei allen künstlerischen Neigungen und poetischen Anlagen Nathanaels ist es übertrieben, in ihm den Typ des verkannten romantischen Künstlers zu sehen. Von wahrer Künstlerschaft trennt ihn vieles. Seine dichterischen Versuche wirken überspannt, dilettantisch und epigonal. Zudem: Ihnen eignet etwas, was die Dichtungen Hoffmanns, seines Urhebers, ganz und gar nicht charakterisiert – Langeweile. Offensichtlich scheint er mehr an Quantität als an Qualität interessiert zu sein: »Gedichte, Fantasien, Visionen, Romane, Erzählungen, das wurde täglich vermehrt mit allerlei ins Blaue fliegenden Sonetten, Stanzen, Kanzonen, und das alles las er der Olimpia stundenlang hintereinander vor, ohne zu ermüden« (35). Gleichwohl, in einer Hinsicht scheint Nathanael dem Ideal des romantischen Künstlers voll zu entsprechen: in seiner prophetischen Gabe. Mit seinem Tod erfüllt sich in tragischer Weise das, was er in einem seiner Gedichte über den dämonischen Coppelius in visionären Bildern imaginierte.

Clara. So schwierig es für den Leser ist, Nathanael in seinem Erleben und Verhalten eindeutig zu charakterisieren, so schwer fällt es auch, ein klares Urteil über Clara zu fällen. Ob Clara »ein tiefes weiblich zartes Gemüt« (20) besitzt oder zu Recht »als kalt, gefühllos, prosaisch« (21) angesehen wird, ob sie die Fantasie »des heitern unbefangenen, kindischen Kindes« (20) hat oder doch nur eine philiströse, das Eheglück suchende Bürgerstochter ist, alle diese Fragen regt der Text an, ohne sie verbindlich zu beantworten. Auf den ersten Blick erscheint Clara als Gegenfigur, als realistisches Korrektiv zu den verzerrten Wahrnehmungen Nathanaels. Überall, wo dieser sich schicksalhaften Einflüssen ausgesetzt fühlt, wo er Phänomene des Irrationalen und dunkle Mächte am Werk sieht, klärt und erklärt sie. Sie scheint seine Verkrampfungen und Überspanntheiten lösen zu können, indem sie alles das, was er an Entsetzlichem erlebt hat, auf ein gesundes Maß an Normalität zu reduzieren vermag.

Clara als Vertreterin aufklärerischen Denkens

Clara verkörpert Prinzipien aufklärerischen Denkens. Ihr Name ist sprechend: Sie denkt und handelt klar und hellsichtig. Sie hat, so der Erzähler, »einen gar hellen scharf sichtenden Verstand« (20). Alle Fantasten sind ihr verdächtig: »Die Nebler und Schwebler hatten bei ihr böses Spiel; denn ohne zu viel zu reden, was überhaupt in Claras schweigsamer Natur nicht lag, sagte ihnen der helle Blick, und jenes feine ironische Lächeln: Lieben Freunde! wie möget ihr mir denn zumuten, dass ich eure verfließende Schattengebilde für wahre Gestalten ansehen soll, mit Leben und Regung?« (20f.). Innen- und Außenwelt, Erscheinung und Wesen, Trug und Wahrheit sind für sie klar geschieden. An der äußeren Wirklichkeit vermag sie nichts Geheimnisvolles wahrzunehmen. Alles Irreale ist für sie erklärbar, d.h. auf konkrete Ursachen zurückzuführen. Sinnfällig wird dies in ihrem Brief an Nathanael. »Heitern unbefangenen Sinnes« erklärt sie ihm, dass »alles Entsetzliche und Schreckliche« (13), was er geschildert habe, nur in seinem Innern vorgegangen sei. Wo Nathanael äußere schicksalhafte Mächte wahrnimmt, denen er sich ausgeliefert wähnt, sieht Clara nur innere psychische Ursachen und Konflikte. Entsprechend nüchtern und sachlich fallen ihre Deutungsversuche von Nathanaels Kindheitserlebnissen aus: Das Verhängnis des Verlobten ist für sie nur ein Fantasieprodukt, das, wie sie meint, seiner überhitzten kindlichen Vorstellungskraft entspringt.

Pragmatische Lebensführung

So verständig, besonnen und gelassen sich Clara in solchen Erklärungsversuchen darstellt, so unbeschwert gibt sie sich auch in ihrer Lebensführung. Immer wieder reklamiert sie für diese das Prinzip der Heiterkeit. Sich offen den Herausforderungen des Lebens zu stellen, sich unbeschwert mit ihnen auseinander zu setzen, das empfiehlt sie auch immer wieder Nathanael. Clara hat einen festen Halt in der Normalität bürgerlichen Lebens. An dessen Normen und Wertvorstellungen ist sie in ihrem Denken und Handeln orientiert. Was von bürgerlichen Normalitätsvorstellungen und von den Prinzipien einer pragmatischen Lebensführung abweicht, ist ihr gleichgültig oder lehnt sie ab. Deutlich wird dies an ihrer Haltung zu den Dichtungen, die Nathanael verfasst hat und ihr vorträgt. Gefallen findet sie zunächst an seinen »anmutigen, lebendigen Erzählungen, die er ihr aufschrieb« (22); diese hört sie sich auch mit »dem innigsten Vergnügen« (22) an. Doch in dem Maße, wie diese mystischer, vor allem düsterer, gestaltloser und für sie unverständlicher werden, fühlt sie sich durch sie gelangweilt und in ihrem gewohnheitsmäßigen Alltag gestört. Ihr Unmut über »Nathanaels dunkle, düstere, langweilige Mystik« (23) schlägt in pure Ablehnung um, als er ihr glutvoll sein Gedicht über das dämonische Wirken des Coppelius vorträgt: »›Nathanael! – mein herzlieber Nathanael! – wirf das tolle – unsinnige – wahnsinnige Märchen ins Feuer‹« (24 f.).

Einseitige Wirklichkeitsauffassung

Gleichwohl, auch Claras Sicht der Dinge, ihr verstandesmäßiger Zugriff auf die äußere Wirklichkeit, ist nicht frei von Eigendünkel und Einseitigkeit. Alles das, was mit ihrem rationalen Weltbild nicht vereinbar ist, versucht sie – teilweise sehr vordergründig – wegzurationalisieren. Regulativ für ihre Erkenntnis und Garant für ihren Begriff von Wahrheit ist für sie allein die äußere sichtbare Wirklichkeit. Was man nicht mit eigenen Augen sehen kann, zählt für sie im Grunde genommen nicht. Gerade deshalb wird sie aber auch von ihren Mitmenschen als kalt und gefühllos gescholten. Sinnfälliges Zeichen für ihre Wirklichkeitshaltung sind ihre Augen: Diese sind klar und hell, ihr Blick sachlich und nüchtern, aber sie sind ohne Tiefe, spiegelklar wie ein See. Das hindert ihre Mitmenschen, die

Dichter und Meister, nicht daran, in sie etwas hineinzulesen, was sie nicht haben: Seele und Leben.

Die vom Erzähler inszenierte Dialektik, das Wechselspiel von Selbst- und Fremdwahrnehmung, von Erkennen und Verkennen der Figuren wird dort auf die Spitze getrieben, wo Nathanael in einer plötzlichen Gefühlswallung Clara zu durchschauen meint, sie »als lebloses, verdammtes Automat« (25) beschimpft. Doch gerade die Darstellung dieser Situation ist, wenn man den Verlauf der Handlung bedenkt, nicht frei von Ironie: Vermutlich verliebt sich Nathanael später in Olimpia, den realen Automaten, weil dieser Clara in wesentlichen Zügen ähnelt: Die *Architekten* lobten, so sagt der Erzähler gleich zu Beginn über Clara, »die reinen Verhältnisse ihres Wuchses« (20).

Olimpia. In dem Maße, wie sich Nathanaels Gefühle für Clara abkühlen, ja wie er sich ihr entfremdet, gewinnt Olimpia seine Aufmerksamkeit, fühlt er sich magisch zu ihr hingezogen. Völlig gebannt erscheint er, als er zum ersten Mal »ihr engelschönes Gesicht ganz« (17) erblickt. Was er an Clara vermisst, das scheint ihm Olimpia zu geben: Gefühl, Liebreiz und Erotik. Betört von »Olimpias verführerischem Anblick«, ist er ganz »verzweifelt und getrieben von Sehnsucht und glühendem Verlangen« (29) nach ihr. Gleichwohl, was er an ihr begehrt, ist nur sein Eigenes. Er projiziert all seine Leidenschaften in sie, illuminiert sie mit seinen Gefühlen, macht sie lebendig. »Nun erschaute Nathanael«, so der Erzähler, »erst Olimpias wunderschön geformtes Gesicht. Nur die Augen schienen ihm gar seltsam starr und tot. Doch wie er immer schärfer und schärfer durch das Glas hinschaute, war es, als

Olimpia als Projektionsfigur Nathanaels

gingen in Olimpias Augen feuchte Mondesstrahlen auf. Es schien, als wenn nun erst die Sehkraft entzündet würde; immer lebendiger und lebendiger flammten die Blicke« (28). Im erzählerischen Vollzug werden Distanzierung und Relativierung des Autors deutlich (»schienen«, »war es, als«, »schien«). Olimpias Augen werden Nathanael zu Spiegeln, die seine Sehnsüchte und Leidenschaften nur reflektieren. Ihren Höhepunkt findet solche Verkennung der tatsächlichen Verhältnisse an dem Ballabend, an dem er Olimpia »hoch entflammt und begeistert« seine Liebe gesteht: »O du herrliche, himmlische Frau! – Du Strahl aus dem verheißenen Jenseits der Liebe – Du tiefes Gemüt, in dem sich mein ganzes Sein spiegelt« (32). Die hier von ihm selbst verwendete Spiegelmetapher ist verräterisch; sie macht den Selbstbetrug offenbar. In der überspannten Liebe Nathanaels zu Olimpia distanziert sich Hoffmann ironisch-kritisch von einer falsch verstandenen Romantik. Was Olimpia für alle anderen in der Tat ist, nämlich eine Puppe, ist sie letztlich auch für Nathanael. In der Liebe zu ihr liebt er nur sich selbst.

Dabei ist allerdings nicht zu übersehen, dass seine Beziehung zu Olimpia von Anfang an zwiespältig ist. Das Erste, was er an ihr bemerkt, ist das Starre und Lieblose ihrer Augen. Diese sind ihm zunächst unheimlich. Und auch die schöne Gestalt täuscht ihn nicht darüber hinweg, dass sie in ihrem Erscheinungsbild steif wirkt. Solche Befremdung steigert sich zum Grausen, als er anlässlich des Ballfestes zum ersten Male ihre Hand ergreift. »Eiskalt war Olimpias Hand, er fühlte sich durchbebt von grausigem Todesfrost, er starrte Olimpia ins Auge« (31). Doch das, was der Erzähler, Leser, die Freunde und die Besucher des Balls längst wissen, nämlich dass Olimpia ein Automat ist, bleibt ihm verborgen oder will er nicht wahrhaben. Bei ihrem Gesang während des Festes fallen allen das Künstliche ihrer Stimme, ihre »Glasglockenstimme«, und in ihrem Tanz die gleichmäßige, steife Mechanik ihrer Bewegungen unangenehm auf. Allein Nathanael verkennt in seiner narzisstischen Verblendung die Lage: »Nur *mir*«, so reagiert er ziemlich unwirsch auf die Vorhaltungen seines Kommilitonen Siegmund, dass er sich in eine Holzpuppe mit Wachsgesicht vergafft habe, »ging ihr Liebesblick auf und durchstrahlte Sinn und Gedanken, nur in Olimpias Liebe finde ich mein Selbst wieder« (34). Nicht ohne Ironie ist die Bemerkung des Erzählers, dass Nathanael Olimpia, da keiner mit ihr tanzen will, *aufzieht.* Dass er es mit einer aufgezogenen Puppe zu tun hat, wird ihm aber erst in dem Moment klar, als sie zerstört ist und sich ihm nur noch in ihrer bloßen Materialität und Mechanik darbietet.

Der Sandmann: Coppelius und Coppola. Von Beginn an hat der Name der Figur, der der Erzählung den Titel gab, das Interesse der wissenschaftlichen Forschung gefunden. Das Motiv des Sandmanns, der den Kindern die Augen ausreißt, steht vor allem im Mittelpunkt der kleinen Studie *Über das Unheimliche*, die Sigmund Freud, der Begründer der Psychoanalyse, verfasst hat. Für Freud ist die Figur des Sandmanns die Verkörperung des Gefühls des Unheimlichen. Mit ihm verbinde sich, so Freud, die Angst zu erblinden. Immer dann, wenn diese Furcht durch äußere Eindrücke neu belebt werde, komme das Erlebnis des Unheimlichen zustande.

Coppelius und Coppola als Verkörperungen des Unheimlichen

Der Sandmann, Titelfigur des Textes, ist für den Leser, aber auch für die Figuren des Textes Bezugspunkt unterschiedlicher Auslegungen. Er ist inneres und äußeres Prinzip, Fiktion und Realität zugleich. Entscheidende Voraussetzung für seine Charakterisierung bleibt die Beantwortung der Frage, auf wen diese sich überhaupt zu beziehen hat. Das impliziert wiederum eine Prüfung des Wahrheitsgehaltes der Erlebnisschilderungen Nathanaels. Hält der Leser diese für glaubwürdig, dann wird er auch die von Nathanael behauptete Identität von Coppelius und Coppola akzeptieren. Teilt er hingegen die Auffassung Claras, dann wird er in der Verknüpfung des Sandmanns mit Coppelius und Coppola lediglich das Erzeugnis einer überspannten Fantasie sehen.

Das Motiv des Sandmanns im Märchen und Volksmund

Hoffmann greift mit dem Motiv auf Elemente der Märchentradition und des Volksaberglaubens zurück. Im herkömmlichen Sinne – so auch in dem Märchen der Mutter – ist der Sandmann eine fiktive Person, die Kindern, die nicht schlafen wollen, Sand in die Augen streut und ihnen damit den Schlaf bringt. Derweil die Figur in der Volksüberlieferung positiv beurteilt, hier als gütige, kinderfreundliche Gestalt gesehen wird, erscheint sie bei Hoffmann in einer Sphäre des Zwielichtigen. Im Sandmann verdichten sich kindliche Ängste und Schreckensvorstellungen. Deren Auslöser ist eine Redensart der Mutter (»›Nun Kinder! – zu Bette! zu Bette! der Sandmann kommt, ich merk es schon‹«, 4), die von der Aufwartefrau der jüngsten Schwester des Nathanael, als dieser Näheres vom Sandmann erfahren möchte, auf grässliche Weise ausgemalt wird. Im kindlichen Gemüt des Nathanael entwickelt sich der Sandmann bald, obwohl ihm die Mutter mehrfach erklärt, dass es ihn nicht gebe, zu einer fantastischen Projektion, die nicht nur sein

Denken und Verhalten bestimmt, sondern von ihm fast lustvoll immer wieder erzeugt wird (»Der Sandmann hatte mich auf die Bahn des Wunderbaren, Abenteuerlichen gebracht, das so schon leicht im kindlichen Gemüt sich einnistet. Nichts war mir lieber, als schauerliche Geschichten von Kobolten, Hexen, Däumlingen usw. zu hören und zu lesen; aber obenan stand immer der Sandmann, den ich in den seltsamsten, abscheulichsten Gestalten überall auf Tische, Schränke und Wände mit Kreide, Kohle hinzeichnete«, 6), aber im Laufe der Zeit für ihn durch die Gleichsetzung mit dem dämonischen Coppelius bedrängende Realität gewinnt. »Der Sandmann, der fürchterliche Sandmann ist der alte Advokat Coppelius, der manchmal bei uns zu Mittag isst«! (7). Dadurch wird er für den Protagonisten zum Prinzip des Bösen und Feindlichen schlechthin. Schon das Erscheinungsbild des Coppelius ist für den Knaben abstoßend und unheimlich. Dessen unförmige Gestalt und hässliches Gesicht lösen in ihm Abscheu und Ekel aus. »Denke dir«, so schreibt Nathanael an Lothar, »einen großen breitschultrigen Mann mit einem unförmlich dicken Kopf, erdgelbem Gesicht, buschigten grauen Augenbrauen, unter denen ein paar grünliche Katzenaugen stechend hervorfunkeln, großer, starker über die Oberlippe gezogener Nase. Das schiefe Maul verzieht sich oft zum hämischen Lachen; dann werden auf den Backen ein paar dunkelrote Flecke sichtbar und ein seltsam zischender Ton fährt durch die zusammengekniffenen Zähne« (7). So widerwärtig wie sein Aussehen ist für Nathanael aber auch sein Verhalten am Tisch. Den Kindern verdirbt er nicht nur die Freude am Genuss der Süßigkeiten, sondern er lässt auch sonst keine Gelegenheit aus, sie zu ärgern.

Das teuflische Erscheinungsbild des Coppelius

Nathanael empfindet Coppelius als Eindringling, als Störenfried, der die soziale Integrität des Hauses dadurch bedroht, dass er sich zwischen die Eltern drängt, überhaupt den Vater der Familie zu entfremden sucht. Dabei erhält er in den Schilderungen Nathanaels teuflische Züge. Er ist für ihn der Dämon, der den Vater zu gefährlichen Experimenten verführt, mit ihm einen Teufelspakt geschlossen hat. Der Vater habe, so erinnert er sich an die nächtliche Laborszene, so sehr unter dem unheilvollen Einfluss des Coppelius gestanden, dass sich »seine sanften ehrlichen Züge zum hässlichen widerwärtigen Teufelsbilde verzogen« (9) hätten.

Bei allen Vorbehalten, die der Leser gegenüber der von Nathanael behaupteten Identität von Coppelius und Coppola hat, dem Erzähler gelingt es stellenweise, diese zu zerstreuen: Auffällig ist nicht nur die Ähnlichkeit der Namen, sondern auch die Gemeinsamkeiten im Erscheinungsbild und Verhalten der beiden. Auch Coppolas Aussehen, sein widerwärtiges Gesicht und Auftreten, flößen Nathanael Angst ein. Zumindest in Ansätzen wird also in Coppola das Bild des Coppelius übernommen. Hinzu kommt: Coppelius wollte Nathanael die Augen stehlen, Coppola bietet ihm künstliche Augen in der Form von Gläsern an. So wie Coppelius ist auch Coppola an gefährlichen Experimenten beteiligt. Gemeinsam mit Spalanzani baut er den Automaten, der Nathanael zum Verhängnis wird. Wie immer man auch den Zusammenhang der beiden deutet, ausschlaggebend bleibt, dass sie Nathanael ins Verderben stürzen: »Am Anfang glaubt Clara, ihr Lachen könne Nathanaels Alb vertreiben, am Ende lacht Coppelius. Entscheidend dabei ist: Coppolas Perspektiv.«[4]

4. Werkaufbau

Die Erzählung weist keine Einteilung in Kapitel auf. Dennoch lässt sie sich nach inhaltlichen Kriterien, vor allem nach Handlungsphasen gliedern. Anknüpfend an die Lebensgeschichte Nathanaels kann man zunächst von zwei größeren Textabschnitten ausgehen, die eine gewisse Symmetrie zeigen. Der erste Textteil wiederum lässt sich in drei Phasen unterteilen, die in ihrer Abfolge nach dem dramaturgischen Prinzip der Steigerung organisiert sind. Er stellt anhand von drei Briefen die drei Hauptfiguren der Geschichte vor. In seinem Brief an Lothar exponiert Nathanael sich selbst, skizziert seine Kindheit und Jugend und hier insbesondere seine Begegnungen mit dem Advokaten Coppelius, die in einem traumatischen Erlebnis gipfeln. Ein einschneidendes Ereignis im Leben des Kindes ist der Tod des Vaters. Er bedeutet das Ende der Kindheit Nathanaels. Die letzte Phase des ersten Teils widmet sich der Beziehung von Nathanael und Clara. Vorbereitet durch den Brief, den Clara an Nathanael schreibt, prallen hier unvermittelt die unterschiedlichen Lebens- und Wirklichkeitsauffassungen der beiden aufeinander, ja führen zu einem offenen Zerwürfnis, als Nathanael Clara das von ihm verfasste Gedicht vorträgt, doch damit bei ihr nur auf ablehnende Reaktionen stößt. Das Gedicht ist nicht nur Ausdruck der Angst, die Nathanaels Psyche zu zerrütten droht, sondern zugleich auch Vorausdeutung auf das tödliche Ende der Erzählung.

Exposition der Hauptfiguren durch Briefe

Der zweite Teil des Textes ist um drei Erinnerungen zentriert; er setzt mit der Rückkehr Nathanaels nach G. ein, die Stadt, in der er studiert. Dort ist er gezwungen, sich eine neue Wohnung zu nehmen, da die alte während der Zeit seiner Abwesenheit niedergebrannt war. Die folgende Begegnung mit Coppola, der Erwerb des magischen Perspektivs und die erste Begegnung mit Olimpia bilden den Auftakt zu einem dramatischen Prozess, in dessen Verlauf Olimpia zerstört wird und Nathanael Selbstmord begeht.

Dieser gesamte Geschehniszusammenhang wird allerdings vom Erzähler nicht linear chronologisch entfaltet und in homogener Erzählweise organisiert, sondern in Rückblenden und unterschiedlichen Textformen, im Rückgriff auf Briefe und durch einen Erzählbericht. Bestimmend für den Handlungsverlauf des Textes ist die Beziehung von Verstand und Fantasie. Ihr korrelieren jeweils unterschiedliche Wirklichkeitsmodelle, die miteinander kontrastieren, zugleich aber auch einander durchdringen. Das eine ist durch Eindeutigkeit und Klarheit gekennzeichnet. Hier vertreten die Namen die Dinge. Zu dieser Welt gehört Clara. Die »andere« Welt wird durch den Sandmann repräsentiert. Im Spannungsfeld beider Welten lebt Nathanael. Es gelingt ihm nicht, in diesem eine lebensmögliche Balance zu finden.

Erzählen durch Rückblenden

5. Wort- und Sacherläuterungen

Ausführliche Wort- und Sacherklärungen bietet der von Rudolf Drux besorgte Kommentarband zu E. T. A. Hoffmanns *Der Sandmann* an, der in der Reclam-Reihe *Erläuterungen und Dokumente* (siehe Lektüretipps) erschienen ist. Der vorliegende Kommentar beschränkt sich auf die wichtigsten Hinweise und Erläuterungen für das Leseverständnis.

3,9 **holden:** lieblichen.

3,25 **aberwitzigen:** unvernünftigen.
Geisterseher: Fantast; jemand, der statt der Realität Geister sieht.

3,30 **Wetterglashändler:** Ein Wetterglas dient – wie das Barometer – der Messung des Luftdruckes.

4,1 **unglückseligen:** hier: Unglück bringenden.

4,12 **wie Franz Moor den Daniel:** Anspielung auf Schillers Drama *Die Räuber*; der Bösewicht Franz Moor bittet seinen Diener Daniel, er möge ihn auslachen, um ihn von seinen Alpträumen zu befreien.

4,29 **Sandmann:** Märchen- und Sagenfigur, die den Kindern Sand in die Augen streut, um sie zum Einschlafen zu bringen. Indem die Mutter den Sandmann zitiert, macht sie die Kinder auf ihre Müdigkeit aufmerksam.

5,4 f. **kindischen Gemüt:** kindlichen Gemüt.

5,11 **wartete:** versorgte.

5,17 **Atzung:** Futter von Greifvögeln.

5,30 **Wartefrau:** Kinderfrau.

6,6 **fabelhaften:** der Fabel entnommenen.

7,17 **Advokat:** Rechtsanwalt.

Coppelius: Der Name lässt sich auf (ital.) *coppa* zurückführen, was so viel wie ›Becher‹ oder ›Schale‹, im übertragenen Sinne ›Augenhöhle‹ bedeutet.

7,33 f. **Kleblocken:** waagerechte Haarrollen, seitlich an die Perücke geklebt.

7,35 **Haarbeutel:** Beutel aus Seide zum Einbinden der gepuderten Nackenhaare.

8,8 **Näscherei:** Süßigkeiten.

8,27 **kredenzt:** bietet an.

8,31 **Popanz:** Schreckgestalt, die die Kinder das Fürchten lehren soll.

Ammenmärchen: Lügenmärchen.

9,35 **Pensum:** Anteil.

flennen: heulen.

9,37 **observieren:** prüfen.

10,1 **schrob:** schraubte.

10,4 f. **lispelte:** flüsterte.

10,6 **Gebein:** Knochen.

10,24 **Blödigkeit:** hier: Gebrechlichkeit.

12,13 **piemontesischen Mechanikus:** einen aus Piemont stammenden Mechaniker.

13,13 **Coppola:** siehe Anm. zu Coppelius (7,10).

13,33 f. **vorzüglich:** besonders.

13,36 **alchymistische Versuche:** vor allem Experimente, um aus anderen Metallen Gold zu gewinnen.

14,4 **abwendig:** sich abwendend.

14,18 **goldgleißende:** goldglänzende.

15,34 **beikommen:** einfallen.

16,6 **Zerstreutheit:** Unaufmerksamkeit.

16,10 **Fantome:** Trugbilder.

16,15 **magistermäßig:** schulmeisterlich.

distinguieren: unterscheiden, erörtern.

16,17 **logische Collegia:** Vorlesungen über Logik.

16,22 **Spalanzani:** Lazzaro Spallanzani (1729–99), italienischer Naturforscher, beschäftigte sich als Anatom und Physiologe mit der Theorie der Urzeugung und der künstlichen Befruchtung.

16,26 **wie mich dünkt:** wie ich glaube.

16,27 **ehrlicher:** rechtmäßiger.

17,2 **Cagliostro:** Alessandro Graf von Cagliostro, d. i. Giuseppe Balsamo (1743–95), Abenteurer und Magier, ein Scharlatan, der sich Zutritt zu den höchsten gesellschaftlichen Kreisen seiner Zeit verschaffte.

Chodowiecki: Daniel Nikolaus Chodowiecki (1726–1801), Maler, Zeichner und Kupferstecher, Illustrator mannigfaltiger Buchausgaben, stellte Cagliostro auf einem Blatt im *Berliner genealogischen Kalender auf das Jahr 1789* dar.

17,17 **Auditorium:** Hörsaal.

19,8 **Klimax:** Steigerung.

19,9 **medias in res:** mitten in die Sache, ins Geschehen.

19,13 **Possierliches:** Spaßhaftes.

20,14 f. **Magdalenenhaar ... von Battonischem Kolorit:** *Die büßende Magdalena* ist das Hauptwerk des italienischen Klassizisten Pompeo Girolano Battoni (1708–87). Hoffmann hat es in der Dresdener Gemäldegalerie gesehen.

20,17 **Ruisdael:** bezogen auf das Gemälde des niederländischen Landschaftsmalers Jacob Isaakszoon van Ruisdael (1628–82).

20,29 **vorzuquinkelieren:** mit gekünstelter Stimme vorzuträllern.

20,34 **Nebler und Schwebler:** Fantasten, Schwätzer.

21,4 **prosaisch:** nüchtern, sachlich.

21,32 **Willkür:** Freiheit.

21,36 **mystische:** geheimnisvolle.

22,13 f. **statuiere:** feststelle.

22,16 **verdrüßlich:** verdrießlich, ärgerlich.

23,13 **kolorieren:** farbig gestalten.

24,5 **dem metrischen Zwange:** Nathanael unterwirft sich in seinem Schreiben festgelegten Versmaßen.

25,4 **Automat:** in der Bedeutung von Puppe, künstlicher Mensch, im damaligen Sprachgebrauch als Neutrum verwendet.

25,15 **Geck:** eitler Narr.

25,19 **Stoßrapieren:** Fechtwaffen mit schmaler, gerader Klinge.

27,7 **unverwandten Blickes:** mit längere Zeit auf jemanden gerichtetem Blick.

27,11 **Kompendium:** Hand- bzw. Lehrbuch.

27,12 **Bildsäule:** säulenähnliches Standbild.

27,27 **sköne Oke:** (gebrochenes Deutsch des Italieners Coppola) schöne Augen.

27,28 **toller:** irrer.

27,31 **Lorgnetten:** Brillen ohne Bügel, mit Stiel zum Halten.

28,14 **Perspektive:** kleine Fernrohre.

28,19 **Revenant:** Gespenst.

29,4 **Tre Zechini:** Drei Zechinen (venezianische Goldmünzen).

Dukat: in ganz Europa verbreitete Goldmünze.

29,19 **abgeschmackten:** geistlosen, faden.

31,5 **Bravour-Arie:** schwierige, auf virtuose Wirkung zielende Gesangseinlage.

31,14 **Rouladen:** kunstvolle, perlende Läufe zur Ausschmückung der Melodie.

31,16 **Kadenz:** Schlussimprovisation des Solisten, während die Begleitinstrumente schweigen.

31,16 f. **Trillo:** Triller.

33,5 f. **die Legende von der toten Braut:** Anspielung auf Johann Wolfgang von Goethes Ballade *Die Braut von Korinth* (1798).

33,11 **Schlagschatten:** scharf umrissene Schatten.

33,18 **replizierte:** antwortete.

33,22 **blöden:** hier: schüchternen.

33,23 **konversieren:** sich unterhalten.

33,28 **splendid:** glänzend.

35,3 **Hieroglyphe:** geheimnisvolles Zeichen.

35,24 **Sonetten:** Sonett: Gedichtform aus zwei Vierzeilern (Quartetten) und zwei Dreizeilern (Terzetten).

Stanzen: Stanze: italienische Strophenform aus acht jambischen Versen.

Kanzonen: Kanzone: eine aus der italienischen Renaissance stammende Gedichtform, bestehend aus vier bis zwölf gleich gebauten Strophen mit einer kürzeren Strophe (Geleit) als Abschluss.

36,17 **einzuschichten:** einzuordnen.

37,8 **Puppendreher:** Ein Puppendreher drechselt Holzpuppen.

37,22 **Phiolen:** kugelförmige Flaschen mit langem Hals.

Retorten: kleine kugelförmige Glasbehälter.

38,32 **vernünftigen Teezirkeln:** bildungsbürgerliche Kreise, in denen über Kunstwerke gesprochen wurde; von romantischen Schriftstellern wurden sie häufig verspottet.

38,33 f. **einzuschwärzen:** einzuschmuggeln.

39,6 **Teeisten:** spöttische Bezeichnung für einen Teilnehmer an einer Teegesellschaft.

39,7 **Elegant:** modisch gekleideter Mann.

39,13 **Allegorie:** Sinnbild; das Verhältnis von Nathanael und Olimpia als fortgeführte Metapher für eine gescheiterte Liebesbeziehung.

39,14 f. **Sapienti sat!:** (lat.) Dem Kenner genügt es!

40,16 **Oheim:** Onkel.

6. Interpretation

Entstehung

E.T.A. Hoffmanns Erzählung *Der Sandmann* ist in einer handschriftlichen Fassung überliefert. Deren erste Niederschrift erfolgte – so die Mitteilung Hoffmanns über dem Manuskript – »d. 16. Novbr. Nachts 1 Uhr 1815«. Acht Tage später schickte der Dichter diese erste Fassung seinem Berliner Verleger Georg Reimer (1776–1842). Veröffentlicht wurde der Text ein Jahr später als erste Erzählung in dem ersten Band der *Nachtstücke*. Dieser wurde allerdings auf das Jahr 1817 vordatiert. Sieht man von geringfügigen Differenzen ab, so unterscheidet sich die Druckfassung vom Manuskript nur an zwei Stellen.

»Nachtstücke«

Hoffmanns *Nachtstücke* stellen nach den *Fantasiestücken in Callot's Manier* eine zweite in sich geschlossene Sammlung von Erzählungen dar. Vermutlich stammte die Anregung für den Titel von dem Dichter Jean Paul. Diese der Malerei entlehnte Genrebezeichnung – hier kennt man sie unter dem Namen »Nocturnae«, d.h. eine Gruppe von Gemälden, die eine nächtliche Szenerie in künstlicher Beleuchtung, etwa mit starken Hell-Dunkel-Kontrasten darstellen – thematisiert die Nacht- und Schattenseiten des Lebens, das Andere der Vernunft, die Welt des Traums und Unbewussten, des Fremden

> »Nachtstücke« *als Kontrastbilder zur Welt des Rationalen und Nützlichen*

und Unheimlichen, also das, was zu den unaufgeklärten Seiten der menschlichen Natur gehört. »Nicht nur spielen die Geschichten in einer nächtlichen Szenerie voller Zwielicht in Wäldern und Schluchten, in Verliesen oder labyrinthischen Gärten, verfallenen Häusern, an öden Gestaden oder mitten in der unheimlich anmutenden Großstadt, sie werfen auch einen Blick in die Innenräume, die sich hinter dem äußeren Schauplatz auftun. Fragen des tierischen Magnetismus, des Somnambulismus, der Telepathie und der Hellseherei werden ebenso aufgeworfen wie das Problem der seelischen Gesundheit und Krankheit bzw. der normativen Scheidung von Vernunft und Wahnsinn.«[5] Die Folie von Hoffmanns *Nachtstücken* ist allerdings der Alltag mit seinen Gewohnheitsmechanismen und dem Nützlichkeitsdenken der Menschen, die ihm verhaftet sind. In diese Welt der Normalität, des häufig Saturiert-Bürgerlichen brechen unvermittelt dunkle Mächte ein; in ihr ereignen sich unerhörte Begebenheiten, die das Vertraute plötzlich fremd erscheinen lassen, die Mit-Handelnden und den Betrachter verwirren oder bestürzen. Mit den herkömmlichen Mitteln des Verstandes können diese überraschenden Wendungen und grotesken Einbrüche nicht mehr eingeordnet, geschweige denn in sinnvoller Weise auf einen Begriff gebracht werden. Im Gegenteil, die Vernunft ist, mit den Worten Freuds, noch nicht einmal mehr »Herr im eigenen Hause«. In der Erzählung wird der Leser mit abgründigen Innenwelten, mit rätselhaften Seiten der menschlichen Psyche konfrontiert, die er nicht zu rationalisieren vermag. »Ihre Unverwechselbarkeit als romantisches Nachtstück erhält Hoffmanns Erzählung erst durch die Erweiterung der geläufigen Nachtszenerie um ein psychologisches Profil. Erst der Blick auf die

Nachtseite der menschlichen Seele und eine von der frühen Romantik entwickelte Sensibilität für die Abgründe des Unbewussten schafft jenen Bestand an Reflexivität und Undurchdringlichkeit, der für Hoffmanns *Sandmann* charakteristisch ist.«[6]

Will man Hoffmanns Erzählung in ihren mentalitätsgeschichtlichen Dispositionen, in ihrer ästhetischen Form und Wirkungsabsicht gerecht werden, so empfiehlt es sich, ihren poetischen Ort im Gestaltungszusammenhang der *Nachtstücke*, die thematisch und stilistisch eine Einheit bilden, zu sehen. Wie in allen *Nachtstücken* erzeugt der Dichter auch im *Sandmann* ein Spannungsfeld, das sich aus den vielfältigen polaren Beziehungen rationaler Geltungsansprüche und den ihnen zugrunde liegenden irrationalen Antriebskräften ergibt. In dieses Spannungsfeld wird der Leser immer wieder, fast magisch, hineingezogen, von ihm wird er aber – dank der ironisch-satirischen Aufbereitung der Geschehnisse durch den Autor – auch immer wieder abgestoßen.

Erzähler

Position und Haltung des Erzählers

Die Erzählung setzt mit einem Paradoxon ein: Sie beginnt ohne Erzähler, ohne epische Einführung in die Thematik, in das Geschehen. Konfrontiert wird der Leser sogleich, und zwar ohne Kommentar und Exposition, mit drei Briefen. Es gibt keine auktoriale Instanz, die dem Leser erklärt, weshalb ihm gerade hier diese Briefe vorgelegt werden. Auf eine Herausgeberfiktion, wie wir sie aus Goethes Briefroman *Die Leiden des jungen*

Werthers kennen, wird hier zunächst verzichtet. Erst nach der Präsentation dieser Briefe taucht ein Erzähler auf, meldet sich – ironisch – ein Herausgeber zu Wort, allerdings nicht in der Weise, dass er die Briefe sogleich in einen bestimmten Lebenszusammenhang stellt. Da er, so bekennt er, »zu dem wunderlichern Geschlechte der Autoren gehöre« (18), wolle er einfach, obwohl ihn niemand nach ihr gefragt habe, die Geschichte Nathanaels erzählen, und zwar »bedeutend – originell, ergreifend« (19). Um dies zu realisieren, d. h., um dem Leser eine lebendige innere Vorstellung von den Charakteren und der Handlung zu vermitteln, sucht er nach einem gelungenen Erzähleinstieg. Dabei weigert er sich, das, was die Erzähltradition an Mitteln und Techniken bereitgestellt hat, um den Leser in die Welt der Fiktion zu führen, einfach zu übernehmen. Auf einer Meta-Ebene inszeniert er spielerisch einen fiktiven Dialog mit dem Leser, in dem er in paradigmatischer Weise erzählerische Modelle, einen Text zu eröffnen, reflektiert. Dabei erscheinen ihm weder das »Es war einmal«, das raunend die Vergangenheit beschwört, noch der unmittelbare Beginn (»medias in res«) tauglich. »Sein Spiel mit austauschbaren Erzählstrategien des Anfangs erweist gerade die Unmöglichkeit des Erzählens als ironische Bedingung seiner Möglichkeit.«[7] Was der Leser nach der Vorstellung der drei Briefe erwartet, nämlich dass der Erzähler eine auktoriale Position einnimmt, erfüllt sich nicht. Im Gegenteil, im Text finden sich immer wieder Stellen, die zeigen, dass der Erzähler nicht besonders gut informiert ist. Er ist für den Leser kein verlässlicher Partner; einen sicheren Standpunkt der Beobachtung und Beurteilung des Geschehens bietet er ihm nicht an. Innerhalb der Erzählung, manchmal sogar innerhalb eines Satzes verschwimmen die Grenzen von objektivem Bericht und subjektiver Wahrnehmung. Nicht selten beruft sich der Erzähler auf die Aussagen anderer Leute, auf Meinungen und Gerüchte. Immer dann, wenn es darum geht, Zusammenhänge herzustellen, Hintergründe aufzuklären, Geschehnisse faktisch zu beglaubigen, zieht er sich zurück, überlässt er es dem Leser, Leerstellen mit seiner Einbildungskraft zu besetzen. In dieser Hinsicht ist der Leser Koproduzent. Er ist beteiligt an der Bedeutungskonstitution der Geschichte. Doch auch diese wird immer wieder vom Erzähler in Frage gestellt. Letztlich zielt die erzählerische Form »auf eine perspektivische Relativierung nahezu alles Ausgesagten«[8]. Die unheimliche Wirkung der Erzählung entspringt also nicht primär ihrer Thematik und Handlungsfolge, sondern verdankt sich ihrer erzählerischen Struktur, die eine einsinnige Interpretation mit eindeutigen Wirklichkeitsbezügen ständig konterkariert.

Die Relativierung des Erzählten

Automat

Die Geschichte der Entwicklung und Vorführung von Automaten, von sprechenden, singenden, tanzenden Holzpuppen, ist von Beginn an begleitet von konträren Einstellungen der Menschen, von Faszination und Angst. Am Anfang steht die Faszination, künstliche Menschen bzw. Roboter herstellen zu können, die nicht nur wie Menschen aussehen, sondern deren Eigenschaften und Verhaltensweisen nachahmen, ja sogar übertreffen. Die Vorstellung, dass der Automat den Menschen nicht nur entlastet oder ersetzt, sondern ihm in seinen Leistungsfähigkeiten

Automaten als Faszinosum und Schrecken

überlegen ist, war aber auch zugleich eine Quelle der Angst und des Unheimlichen, der Furcht davor, dass man zum Sklaven dessen würde, was man künstlich hervorgebracht hatte. Beiden Haltungen liegt im frühen 18. Jahrhundert die Ausgangshypothese zugrunde, dass zwischen Mensch und Maschine keine qualitative Differenz bestehe, dass beide nach den gleichen mechanischen Prinzipien konstruiert seien. »Ich täusche mich nicht«, so schrieb der französische Arzt Julien Offray de La Mettrie (1709–51) in seiner berühmten Abhandlung *Der Mensch eine Maschine* (*L' homme machine*) von 1748, »der Mensch ist eine Uhr.«[9]

Hoffmann knüpft hieran in seiner Erzählung an. Sie ist um das Bild und Motiv des Automaten zentriert. Seine Kenntnisse über künstliche Apparate, die den Anschein des Lebendigen und Menschlichen haben, überhaupt sein Interesse an Automaten verdankt er Lektüren und eigenen Erlebnissen. So hat er wohl mannigfaltige Berichte über die Entwicklung von Automaten gelesen, etwa über den berühmten Flötenspieler, den sein Erfinder Vaucanson (1709–82) 1738 der französischen Akademie vorgestellt hatte, oder über Wolfgang von Kempelens Schach spielenden Türken von 1769, der allerdings später als raffinierte Täuschung entlarvt wurde. 1801 wohnte er einer Vorführung von Automaten in Danzig bei. Zwölf Jahre später besuchte er eine Ausstellung in Dresden, auf der eine Maschine zu sehen war, die mit Hilfe verschiedener Musikinstrumente Ouvertüren und Konzerte zu spielen vermochte. In dieser Zeit trug er sich sogar zeitweilig mit dem Gedanken, selbst einen Automaten herzustellen.

Hoffmanns Interesse an Automaten

Das alles war nicht ohne Einfluss auf sein literarisches Schaffen. Zu Beginn des Jahres 1814 schrieb er eine Erzählung mit dem Titel *Die Automate*, die er später in den zweiten Band seiner *Serapionsbrüder* aufnahm. Die Geschichte handelt von einem sprechenden Automaten, einem Türken, der die an ihn gerichteten Fragen beantwortet und halluzinatorische Fähigkeiten zu haben scheint. Hier ist erstmals die ambivalente Einschätzung des Automaten, wie der Leser sie später im *Sandmann* an der Erscheinung Olimpias kennen lernt, paradigmatisch vorgezeichnet: Der geheimnisvolle Automat zieht die beiden Protagonisten der Erzählung in ihren Bann, gleichzeitig stößt er sie ab: »Mir sind alle solche Figuren«, so sagt Ludwig, eine der Hauptgestalten, »die dem Menschen nicht sowohl nachgebildet sind als das Menschliche nachäffen, diese wahren Standbilder eines lebendigen Todes oder eines toten Lebens, im nächsten Grade zuwider. Schon in früher Jugend lief ich weinend davon, als man mich in ein Wachsfigurenkabinett führte, und noch kann ich kein solches Kabinett betreten, ohne von einem unheimlichen grauenhaften Gefühl ergriffen zu werden. [...] Vollends sind mir durch die Mechanik nachgeahmte menschliche Bewegungen [...] toter Figuren sehr fatal.«[10]

Der Automat als satirisches Sinnbild der Gesellschaft

Was hier schon angedeutet wird, spielt Hoffmann im Handlungsverlauf des *Sandmanns* mehrfach in satirischer Weise aus: Das Automatenmotiv wird z. B. dort ironisch zugespitzt, wo Nathanael Clara als »lebloses, verdammtes Automat« (25) bezeichnet, im Kontrast dazu aber im Automaten Olimpia ein liebreizendes Mädchen sieht. Der Automat wird im *Sandmann* zum Sinnbild einer materialistischen, philiströsen Gesellschaft, deren »Innenleben« sich im abgezirkelten Bewegungsablauf realisiert und deren Kommunikation sich auf das Produzieren von Wiederholungen und künstlichen Sprachfloskeln beschränkt. Deutlich wird dies in der Teezirkel-Episode des Textes. In den »vernünftigen Teezirkeln« (38) löst der skandalöse Vorfall um Coppola und Spalanzani »abscheuliches Misstrauen gegen menschliche Figuren« (39) aus. Vor allem die Liebhaber fühlen sich genötigt zu handeln, sich nachgerade davon zu überzeugen, dass man keine Holzpuppe liebe. Fortan verlangt man – das ist die Spitze der Hoffmann'schen Gesellschaftssatire –, »dass die Geliebte etwas taktlos singe und tanze, dass sie beim Vorlesen sticke, stricke, mit dem Möpschen spiele usw., vor allen Dingen aber, dass sie nicht bloß höre, sondern auch manchmal in *der* Art spreche, dass dies Sprechen wirklich ein Denken und Empfinden voraussetze« (39).

Augenmotiv

Das zentrale Motiv der Erzählung ist das Augenmotiv. Von ihrem Beginn bis zu ihrem Ende wird es in mannigfaltigen Variationen und ästhetischen Formen gestaltet, in der Rede und Schilderung, als Anspielung und Vorausdeutung, als Bild und Vision, in kryptischer Namengebung und in der Präsenz des Gegenständlichen. Ihm ist insbesondere das um den Vorgang und die Richtung des Sehens zentrierte Wortfeld zugeordnet. Dem Auge kommt in der Regel in zweifacher Hinsicht eine Mittlerfunktion zu: Es ist Organ der Wahrnehmung und Medium des Ausdrucks. »Die Erwähnungen von Auge und Blick lassen sich in zwei Gruppen aufteilen: Sie zeigen entweder, daß etwas erkannt wird, oder daß sich etwas zu erkennen gibt«[11]. Es ermöglicht die Wahrnehmung der äußeren Erscheinungswelt, ihrer Personen, Gegenstände und Vorgänge, zu-

gleich gibt es nach herkömmlicher Auffassung aber auch die innere Befindlichkeit des Sehenden wieder, es ist Spiegel der Seele.
Schon mit Nennung der Titelgestalt ist das Motiv des Auges dem Leser unmittelbar gegenwärtig. Prägnant wird es an der Stelle, an der Nathanael in für ihn beängstigender Weise mit dem Antimärchen der Wartefrau konfrontiert wird. In ihm verliert der Sandmann seine Harmlosigkeit, die er noch in der Redensart der Mutter hat, hier wird er zur Schreckensgestalt, die den Kindern in blutiger Weise die Augen raubt, um sie den Jungen der Eulen zur Atzung zu geben. Aus dieser fast existenziellen Angst, sein Augenlicht zu verlieren, resultieren für Nathanael all die Gruselmomente und schrecklichen Fantasien, die er mit dem Auftreten und dem Erscheinungsbild des Advokaten Coppelius verbindet: »Als ich nun diesen Coppelius sah«, so heißt es im Text, »ging es grausig und entsetzlich in meiner Seele auf, dass ja niemand anders, als er, der Sandmann sein könne, aber der Sandmann war mir nicht mehr jener Popanz aus dem Ammenmärchen, der dem Eulennest im Halbmonde Kinderaugen zur Atzung holt – Nein! – ein hässlicher gespenstischer Unhold, der überall, wo er einschreitet, Jammer – Not – zeitliches, ewiges Verderben bringt« (8). Der Name des Advokaten ist, was die Gestaltung des Augenmotivs angeht, sprechend. Das aus dem Italienischen stammende Wort *coppa*, das dem Namen *Coppelius* und seiner Variante *Coppola* als Stamm zugrunde liegt, bedeutet wohl ›Becher‹, im übertragenen Sinne ›Augenhöhle‹. Solche sprachlichen Zusammenhänge überlagern auch noch die nächtliche Szene, in der Nathanael aus einem Versteck den Vater und Coppelius bei ihren alchemistischen

Der drohende Verlust der Augen als Urszene

Experimenten am Feuer und Herd beobachtet. *Coppella* bezeichnet nämlich außerdem den Schmelztiegel, in dem die Alchemisten ihre Substanzen schieden. Solche assoziative Verschleifung der Begriffe verleiht der Szenerie, die Nathanael wahrnimmt, einen hochgradig symbolischen und vorausdeutenden Charakter. Die Menschen, so Nathanaels Erinnerung, hatten an Stelle der Augen nur »scheußliche, tiefe schwarze Höhlen« (9). Was ihnen geschehen war, hätte letztlich auch ihm gedroht: Coppelius hätte ihn seiner Augen berauben wollen. Nur durch die Fürsprache des Vaters wäre er davon abgehalten worden. Welche traumatisierende Wirkung diese Szene bei Nathanael hinterlässt, zeigt der Inhalt des Gedichtes, das er Clara vorliest. In ihm bringt er die düstere Ahnung zum Ausdruck, dass der entsetzliche Coppelius noch oder schon am Traualtar »Claras holde Augen« berühren würde, sodass diese »wie blutige Funken sengend und brennend« (23) in Nathanaels Brust sprängen.

Wieder aufgenommen auf der Handlungsebene wird das Motiv des Augenraubs in der Szene, in der Spalanzani und Coppola um die Puppe Olimpia streiten: »Erstarrt stand Nathanael – nur zu deutlich hatte er gesehen, Olimpias toderbleichtes Wachsgesicht hatte keine Augen, statt ihrer schwarze Höhlen; sie war eine leblose Puppe. Spalanzani wälzte sich auf der Erde, Glasscherben hatten ihm Kopf, Brust und Arm zerschnitten, wie aus Springquellen strömte das Blut empor« (37). Bei der Schilderung der Auseinandersetzung zwischen Spalanzani und Coppola lässt der Erzähler keinen Zweifel daran, welche Wirkungen das Geschehen bei Nathanael hinterlässt. Als Spalanzani die blutigen Augen ergreift und sie gegen Nathanaels Brust schleudert, wird dieser wahnsinnig. Und auch in der Schlussszene der Erzählung verdichtet sich das Augenmotiv. Der Todesschrei Nathanaels »sköne oke« ist Reminiszenz an die Begegnung mit Coppola.

Weniger spektakulär, aber nicht weniger bedeutungsmächtig entwickelt der Autor das Motiv auf der Wahrnehmungsebene der Figuren, d. h. auf der Ebene des Sehens und Gesehenwerdens. Immer wieder gilt die Rede dem Blick der Figuren, und auch der Vorgang ihres Sehens wird von Hoffmann an zentralen Stellen der Geschichte thematisiert. Dabei spielen der Kauf des Perspektivs und dessen Nutzung eine wichtige Rolle. Dieses ermöglicht Nathanael buchstäblich eine andere Perspektive, ein neues Sehen auf die Welt: »Noch im Leben war ihm kein Glas vorgekommen, das die Gegenstände so rein, so scharf und deutlich dicht vor die Augen rückte« (28). Doch zugleich verfälscht und verfremdet es auch seine natürliche Sehfähigkeit, nimmt ihm endgültig die Möglichkeit, die Realität so zu nehmen, wie sie ist: »Nun erschaute Nathanael erst Olimpias wunderschön geformtes Gesicht. Nur die Augen schienen ihm gar seltsam starr und tot. Doch wie er immer schärfer und schärfer durch das Glas hinschaute, war es als gingen in Olimpias Augen feuchte Mondesstrahlen auf. Es schien, als wenn nun erst die Sehkraft entzündet würde; immer lebendiger und lebendiger flammten die Blicke« (28). Erst später, als Olimpia im Streit zwischen Spalanzani und Coppola ihre Augen verliert, wird Nathanael desillusioniert und brutal in die Realität zurückgestoßen.

Verzerrung des Sehens durch das Perspektiv

Wahnsinn

Wahnsinn als Kontrastbild zu bürgerlichen Normalitätsvorstellungen

Die Geschichte der bürgerlichen Gesellschaft seit dem 18. Jahrhundert ist nicht nur eine Geschichte der Selbstverständigung, der Herausbildung von sozialen Normen und moralischen Werten, sondern zugleich ein historischer Prozess der Ausgrenzung dessen, was nicht vereinbar ist mit bürgerlichen Normalitätsvorstellungen. »Der Wahnsinn entstand mit der Autonomie des modernen Menschen. Bürgerliche Aufklärung schied das Pathologische vom Normalen, den Kranken vom Gesunden, und diese Aussonderung war ein Akt der Gewalt, der Bestrafung – wenn schon die Begierden, die Wunschströme der häretischen Rede nicht ausgelöscht werden konnten, so sollte doch wenigstens der anstößige Mund zum Schweigen gebracht werden, der aufsässige Körper interniert und unterdrückt bleiben. Wie die mittelalterliche Gesellschaft durch den Aussatz, so fühlte der neuzeitliche Bürger sich durch die Unvernunft, das subversive Wissen und die denunziatorische Weisheit des Irren herausgefordert und in Frage gestellt.«[12] Sinnfälliger Ausdruck für solche Aussonderung ist die Einrichtung von Irrenanstalten außerhalb der Städte. Dort wurden alle diejenigen untergebracht, die in ihrem Denken und Verhalten von konventionellen gesellschaftlichen Normen abwichen und deshalb therapiert werden sollten. Diese Verhältnisse kannte Hoffmann aus eigener Anschauung. Zwei Ärzte zählten während seiner Bamberger Zeit zu seinem engsten Bekannten- und Freundeskreis. Der eine war Leiter einer Irrenanstalt, der andere beschäftigte sich mit psychischen Problemen. Beide beförderten das Interesse des Dichters an psychischen und psychiatrischen Phänomenen, die sich unmittelbaren wissenschaftlichen Erklärungsversuchen entzogen, gewährten ihm Einblick in die Behandlung von Geisteskrankheiten, etwa in die Anwendung hypnoseähnlicher Methoden.

Vor diesem Hintergrund ist Hoffmanns Erzählung auch eine literarische Auseinandersetzung mit dem Wahnsinn. Nathanaels Geschichte ist in dieser Hinsicht die Geschichte der Entstehung, des Ausbruches und zerstörerischen Verlaufes einer seelischen Erkrankung, die mit dem Tod des Protagonisten endet. Schon der erste Brief Nathanaels an Lothar liest sich wie das Dokument einer Krankheitsgeschichte. Veranlasst durch die Begegnung mit dem grässlichen Coppola, die ihn völlig aus dem seelischen Gleichgewicht gebracht hat, erzählt er dem Stiefbruder die Geschichte seiner Kindheit, um Erklärungen für seine seelischen Verstörungen zu finden. In dieser Hinsicht kommt seinem Schreiben durchaus eine therapeutische Funktion zu. Wenn Nathanael schreibt, dann möchte er das, was ihn bedrängt und verängstigt, mit und in der Sprache verstehen und bewältigen. Hier zeigen sich durchaus Parallelen zum literarischen Selbstverständnis seines Urhebers. Fast könnte man glauben, dass man es beim Verfasser des *Sandmanns* »mit einem sehr tiefen Psychiater zu tun habe, dem es Spaß macht, seine unheimliche Wissenschaft mit dichterischen Formen zu umkleiden, gleich als wenn ein Gelehrter in Fabeln und Gleichnissen reden wollte«[13].

Der Sandmann *als Krankheitsgeschichte der Seele*

7. Autor und Zeit

Kurzbiografie

1776 Am 24. Januar 1776 kommt Ernst Theodor Wilhelm Hoffmann in Königsberg als drittes Kind des preußischen Hofgerichts-Advokaten Christoph Ludwig Hoffmann und dessen Frau Louisa Albertina, geb. Doerffer, zur Welt. Hoffmanns Vater entstammt einer Familie von Pfarrern und Lehrern.

1778 Die Eltern lassen sich scheiden. Ernst Theodor wird der Mutter zugesprochen und wächst im Hause der Großmutter und der Geschwister der Mutter auf. Seinen Vater hat er nicht mehr wiedergesehen.

1782–1792 Hoffmann besucht die reformierte Burgschule in Königsberg; in dieser Zeit lernt er Theodor Gottlieb Hippel (1775–1843), den Neffen des Stadtpräsidenten von Königsberg, kennen, mit dem er sein ganzes Leben lang freundschaftlich verbunden bleibt. Im Hause der Doerffers wächst auch der spätere Dramatiker Zacharias Werner auf.

1790 Ernst Theodor erhält Musikunterricht bei dem Domorganisten Podbielski und Zeichenunterricht bei dem Maler Saemann.

1792–1795 Zusammen mit Hippel beginnt Hoffmann ein Jurastudium an der Universität in Königsberg; in dieser Zeit erteilt er Musikunterricht. Während der Musikstunden lernt er die neun Jahre ältere und verheiratete Dorothea Hatt kennen und lieben. Als Hoffmann von der Existenz eines Nebenbuhlers erfährt, löst er die Verbindung auf.

E. T. A. Hoffmann
Stich eines unbekannten Künstlers nach einer Zeichnung Hoffmanns

1795 Nach dem Ersten juristischen Staatsexamen tritt er eine Stelle als Auskultator (Referendar) am Gericht in Königsberg an.

1796 Im März stirbt die Mutter. Hoffmann wird an das Obergericht im schlesischen Glogau versetzt; er liest Texte von Goethe, Schiller, Rousseau, Sterne, Swift, Lichtenberg und Jean Paul.

1797 Der Vater stirbt.

1798 Im Frühjahr verlobt Hoffmann sich mit seiner Kusine Minna Doerffer; nach bestandenem Zweitem juristischem Staatsexamen siedelt er nach Berlin über und ist am dortigen Kammergericht tätig. Über seine Verlobte lernt er den Dichter Jean Paul kennen. In Berlin nimmt er Kompositionsunterricht.

1800 Hoffmann wird Assessor am Obergericht in Posen; dort lernt er die Tochter des polnischen Stadtschreibers Maria Thekla Michalina Rorer-Trzcińska kennen. Er verliebt sich in sie und löst die Verlobung mit der Kusine auf.

1802 Hoffmann wird wegen Karikaturen auf einflussreiche Mitglieder der Posener Gesellschaft an das Gericht in Płock strafversetzt. Er heiratet die Geliebte.

1803 Hoffmann veröffentlicht einen dramentheoretischen Essay in der literarischen Zeitschrift *Der Freimüthige*.

1804 Hoffmann wird zum Regierungsrat ernannt und nach Warschau versetzt. Hier arbeitet er verstärkt an eigenen Kompositionen. Das Singspiel *Die lustigen Musikanten* (nach einem Text von Clemens von Brentano) wird in Warschau uraufgeführt; in der Partitur taucht erstmals statt des letzten Vornamens – als Ausdruck der Verehrung für Mozart – der Name Amadeus auf.

1805 Die Tochter Cäcilia wird geboren. In Warschau lernt Hoffmann den Amtskollegen Julius Erhard Hitzig, seinen späteren Biografen, kennen.

1806 Nach Einmarsch der napoleonischen Truppen in Warschau verliert Hoffmann seine Stellung, da er den Huldigungseid auf die neuen Machthaber verweigert.

1807 Hoffmann siedelt erneut nach Berlin über und sucht vergeblich nach einer Stelle. Er lebt hier in äußerst schwierigen finanziellen Verhältnissen. In dieser Zeit entschließt er sich, seinen juristischen Beruf aufzugeben und allein der Musik zu leben. Im August stirbt die Tochter.

1808 Hoffmann wird zum Kapellmeister nach Bamberg berufen. Da sein Konzertdebüt als Dirigent misslingt, gibt er sogleich die Orchesterleitung wieder auf. In der folgenden Zeit ist er für das Theater aber als Komponist tätig.

1809 Hoffmann bestreitet mit der Erteilung von Musikunterricht seinen Lebensunterhalt. Die Bekanntschaft mit dem Arzt Adalbert Friedrich Marcus führt zur Beschäftigung mit Naturphilosophie, Magnetismus und psychischen Krankheiten. In Bamberg lernt er den Weinhändler Carl Friedrich Kunz kennen, der sein erster Verleger wird. Mit der Veröffentlichung der Erzählung *Ritter Gluck* setzt die schriftstellerische Laufbahn Hoffmanns ein.

1810 Franz von Holbein, ein Freund aus seiner ersten Berliner Zeit, übernimmt die Leitung des Bamberger Theaters. Für ihn ist Hoffmann als Komponist, Bühnenbildner und Dramaturg tätig.

1811 Wiederum verliebt sich Hoffmann in eine Musikschülerin. Doch auch diese Liebe endet unglücklich:

Die 15-jährige Julia Marc, um die er wirbt, heiratet im Dezember 1812 einen Hamburger Kaufmann.

1813 Hoffmann wird Kapellmeister bei der zwischen Dresden und Leipzig hin- und herziehenden Seconda'schen Truppe; hier erlebt er den blutigen Befreiungskampf der preußisch-österreichisch-russischen Allianz gegen Napoleon.

1814 Im Februar kommt es zum Zerwürfnis mit der Leitung des Dresdener Theaters; Seconda kündigt ihm die Stelle. Wiederum siedelt Hoffmann nach Berlin über; er zieht in die Wohnung am Gendarmenmarkt, dort wohnt er bis zum Ende seines Lebens. Durch Empfehlung Hippels erhält er für ein halbes Jahr eine Stelle ohne Bezüge am Kammergericht in Berlin. Mit dem Erscheinen der *Fantasiestücke* (darin *Der goldne Topf*), die beim Publikum ein beachtliches Aufsehen erregen, gelingt ihm der literarische Durchbruch. Fortan zeigen die Verleger großes Interesse an seinen literarischen Arbeiten. In den Salons und literarischen Kreisen der Stadt lernt er Tieck und Fouqué, später Eichendorff und Brentano kennen.

1816 Anfang des Jahres wird Hoffmann zum Kammergerichtsrat ernannt; doch trotz des festen Gehaltes hat er immer wieder finanzielle Probleme. Im August wird seine romantische Oper *Undine* (nach einem Text von Fouqué) in einer Bühnenausstattung von Schinkel mit großem Erfolg am Schauspielhaus uraufgeführt; mehrfach wird die Aufführung in den folgenden Monaten wiederholt. In rascher Folge erscheinen nun weitere wichtige Werke des Dichters, unter ihnen der erste Teil der *Nachtstücke* (darin: *Der Sandmann*) und *Die Elixiere des*

Teufels. Hoffmann wird zu einer Art Bestseller-Autor. Viele Verleger umwerben ihn. Um den Ansprüchen des literarischen Marktes zu genügen, schreibt er viel und schnell. Eine große Anzahl seiner Erzählungen erscheint in Zeitschriften, Taschenkalendern und Almanachen.

1817/18 Hoffmann genießt in dieser Zeit hohe Anerkennung als Richter, ist zugleich ein geschätzter Autor und Komponist. Gleichwohl rufen die literarischen Erfolge auch Gegner und Neider auf den Plan: Man kritisiert seinen privaten Lebensstil, entrüstet sich darüber, dass er im Weinhaus »Lutter und Wegener« Stammgast ist.

1819 1819 bis 1821 veröffentlicht er die *Serapionsbrüder*, eine vierbändige Sammlung von Erzählungen. Im Zuge der Politisierung der Zeitverhältnisse (u. a. der »Karlsbader Beschlüsse«) wird er als Mitglied in die »Immediat-Kommission zur Ermittlung von hochverräterischen Verbindungen und anderen gefährlichen Umtrieben« berufen. Damit gerät Hoffmann in ein politisches Spannungsfeld, das rasch zu Konflikten mit der Ermittlungsbehörde führt. Zunächst wendet er sich gegen liberale Bestrebungen, gegen das »hirngespinstige« politische Treiben junger »Strudelköpfe«, durchschaut dann aber bald auch den Gesinnungsterror, der von Seiten des preußischen Staates ausgeht.

1820 In seinem Gutachten zur Verhaftung des »Turnvaters« Jahn zeigt er Selbstbehauptungswillen und Zivilcourage gegen restaurative Tendenzen und Pressionen staatlicher Behörden. Er fordert mehrfach dessen Freilassung. Im September veröffentlicht er den dritten Teil der *Serapionsbrüder* (darin: die Kriminalnovelle *Das Fräulein von Scuderi*).

1821 Hoffmann verfasst zahlreiche Gutachten, in denen er Oppositionelle gegen Staatswillkür verteidigt und die Unangemessenheit der »Demagogenverfolgungen« beklagt. Er erwirkt seine Entlassung aus der »Kommission«.

1822 Anfang des Jahres erkrankt er schwer. Die Druckfahnen des *Meister Floh* werden zunächst durch die Zensurbehörde wegen der auf den preußischen Polizeichef von Kamptz gemünzten Karrpanti-Episode beschlagnahmt. Dieser hält den Text für einen Verrat von Amtsgeheimnissen und leitet deshalb ein Disziplinarverfahren gegen den Dichter ein. Dennoch erscheint das satirische Märchen, allerdings ohne die beanstandete Episode.
Hoffmann stirbt am 25. Juni 1822 in Berlin.

Werktabelle

1809 *Ritter Gluck.*

1810 *Johannes Kreislers, des Kapellmeisters, musikalische Leiden.*

1814/1815 *Fantasiestücke in Callot's Manier. Blätter aus dem Tagebuch eines reisenden Enthusiasten*, Bd. 1–4; darin: *Der goldne Topf. Ein Märchen aus der neuen Zeit.*

1815 *Die Elixiere des Teufels. Nachgelassene Papiere des Bruders Medardus, eines Kapuziners*, Bd. 1.

1816 *Die Elixiere des Teufels*, Bd. 2.
Nachtstücke, Bd. 1; darin: *Der Sandmann.*

1817 *Nachtstücke*, Bd. 2; darin: *Das steinerne Herz*, *Das fremde Kind.*
1818 *Seltsame Leiden eines Theater-Direktors.*
1819 *Klein Zaches genannt Zinnober. Ein Mährchen.*
Die Serapions-Brüder, Bd. 1 und 2; darin: *Die Bergwerke zu Falun* und *Die Automate.*
Lebens-Ansichten des Katers Murr nebst fragmentarischer Biographie des Kapellmeisters Johannes Kreisler in zufälligen Makulaturblättern. Bd. 1 (vordatiert auf 1820).
1820 *Die Serapions-Brüder*, Bd. 3; darin: *Das Fräulein von Scuderi.*
1821 *Die Serapions-Brüder*, Bd. 4.
Prinzessin Brambilla. Ein Capriccio nach Callot.
1822 *Meister Floh. Ein Mährchen in sieben Abentheuern zweier Freunde.*
Lebens-Ansichten des Katers Murr, Bd. 2.
Des Vetters Eckfenster.

8. Rezeption

Lob und Tadel Hoffmanns

E. T. A. Hoffmann war zu seiner Zeit ein außerordentlich beliebter Autor. Seine Erzählungen und Romane wurden vom Publikum als unterhaltsame, spannende Lektüren geschätzt. Diesem positiven Urteil schlossen sich nicht unbedingt seine berühmten literarischen Zeitgenossen an. Auch die Aufnahme seiner Werke auf Seiten der Literaturkritik blieb bis zu seinem Lebensende zwiespältig: Zwar bescheinigte man ihm erzählerisches Talent, partiell sogar eine gewisse poetische Meisterschaft, doch monierte man auch immer wieder an seinen Werken das aberwitzige Geisterwesen, die Zerrissenheit der Figuren, schließlich die »fratzenhafte«, karikierende Art seiner Darstellung. Nicht selten sah man in ihnen Erzeugnisse einer willkürlichen, bizarren Fantasie, nachgerade Dokumente eines von Alkoholexzessen nachhaltig geschädigten literarischen Exzentrikers.

Goethes Kritik an den Nachtstücken

Fünf Jahre nach Hoffmanns Tod hat Johann Wolfgang von Goethe – im Anschluss an seine Übersetzung von Walter Scotts Rezension der *Nachtstücke* – solche ablehnende Haltung der Literaturkritik noch einmal bilanziert und verschärft, indem er Hoffmann und sein Werk ins Pathologische rückte. Er sah in den Nacht- und Fantasiestücken des Autors nur »krankhafte Werke« und »Verwirrungen« eines »leidenden Mannes«[14], die gerade aufgrund ihrer nachhaltigen Wirkung beim breiten Publikum der Nationalbildung Schaden zufügen würden. In den Gesprächen mit Eckermann (2. April 1829) hat der Dichter diese Kritik später noch einmal ins Grundsätzliche erweitert: »Das Klassische nenne ich das Gesunde und das Romantische das Kranke.«[15]

Die Kritik Goethes sollte bestimmend werden für die weitere Rezeption der Werke Hoffmanns in Deutschland im 19. Jahrhundert. Fast einhellig schlossen sich ihr die bedeutendsten Dichter und Philosophen der Zeit an. Goethes Urteil wurde ihnen zum Vorurteil. Selbst Heinrich Heine, der ansonsten viel Verständnis für Hoffmanns Werke aufbrachte, konnte sich nicht ganz frei davon machen. »Die ganze Natur«, so schrieb er in seiner *Romantischen Schule*, »war ihm jetzt ein mißgeschliffener Spiegel [...] seine Werke sind nichts anderes als ein entsetzlicher Angstschrei in zwanzig Bänden. [...] Die Purpurglut in Hoffmanns ›Phantasiestücken‹ ist nicht die Flamme des Genies, sondern des Fiebers.«[16]

Zeitgenössische Rezensionen

Die unmittelbaren zeitgenössischen Reaktionen auf Hoffmanns *Nachtstücke*, vor allem auf den *Sandmann* sind äußerst spärlich. Auch hier zeigt sich ein uneinheitliches Bild. Neben einzelnen positiven Beurteilungen der Erzählungen finden sich die schon oben genannten kritischen Kommentierungen. Nennenswert ist eine Rezension, die im Jahre 1817 erschien. Dabei handelt es sich um einen handfesten Verriss des Textes. Der Rezensent bezeichnet den *Sandmann* als »schauderhaftes Nachtstück«, bemängelt dabei vor allem, dass Hoffmann mit seiner Dämonisierung des Alltags zu weit gegangen sei, mit seiner »Schwärmerey und Geisterfurcht«[17] die ästhetischen Grenzen der Dichtkunst überschritten habe. In einer zweiten Kritik wird dem Autor poetische »Meisterschaft« bescheinigt: »Unter den Erzählungen dieses ersten Theils [der *Nachtstücke*] würden wir«, so schreibt der Rezensent, »dem schauerlichen *Sandmann* den Vorzug geben, wenn nicht gerade hier der Schalksgeist, den die Maler *Capriccio* nennen, am häufigsten sein Spiel getrieben hätte. Das Scheinleben des Automats mit den starren Augen übt eine Gewalt auf den Leser, wie kaum die furchtbarste Geistererscheinung, allein den Verf. übermannt bisweilen die Lust zu necken; plötzlich wendet er das Bild, welches den Kopf eines mannhaften, mit Schlachtennarben bezeichneten Ritters geschienen, von Unten nach Oben und ein hohläugiger Todtenschädel grinzt dem Beschauer gräßlich entgegen.«[18]

Fortan blieb der Text – zumindest in Deutschland – ohne nennenswerten Widerhall. Ganz anders verlief die Rezeption im Ausland. Sieht man einmal von Walter Scotts Pauschalkritik der *Nachtstücke* ab, so war hier die Aufnahme der Hoffmann'schen Werke entschieden günstiger. Schon 1822 wurde das *Fräulein von Scuderi* ins Russische, ein Jahr später ins Französische übersetzt. Und auch in den folgenden Jahrzehnten war die Wirkung Hoffmanns ungebrochen. Zahlreiche namhafte Autoren, wie etwa E. A. Poe, F. Dostojewskij, Ch. Baudelaire und H. Balzac, zeigten sich fasziniert von den Geschichten Hoffmanns, betonten deren großen Einfluss auf ihr eigenes literarisches Schaffen. In Frankreich schätzte man E. T. A. Hoffmann als herausragenden Dichter des Fantastischen und Grotesken, in England sah man ihn als einen bedeutenden Vertreter der »gothic novel«, in Russland würdigte man seine psychologisierende Kunst der Darstellung.

Die vielleicht wichtigste Station in der Wirkungsgeschichte des Werkes lag paradoxer- bzw. bezeichnenderweise auf einem Gebiet, dem sich Hoffmann wohl in seinem ganzen Leben künstlerisch stärker verbunden fühlte als der Literatur: der Musik bzw. dem Musiktheater.

Die Rezeption der Erzählung in Offenbachs Oper Hoffmanns Erzählungen

In Frankreich nahm sich der Komponist Jacques Offenbach der Stoffe der Hoffmann'schen Erzählungen an, stellte sie in einen biografischen Rahmen und arrangierte sie musikalisch zu einer fantastischen Oper mit dem Titel *Hoffmanns Erzählungen*, die 1881 in Paris uraufgeführt wurde. Vor allem aufgrund der Olimpia-Episode in der Oper erhielt die Beschäftigung mit dem Leben und Werk des Autors in Frankreich weitere Impulse.
Erst um die Wende zum 20. Jahrhundert wandelte sich allmählich auch die Einstellung deutscher Autoren. Es war auch hier – wie in vielen anderen Fällen – die expressionistische Literaturbewegung, die Hoffmann wiederentdeckte. Kennzeichnend für die Rezeption seines Werkes in den folgenden Jahrzehnten ist die Dialektik des Literaturgeschichtsprozesses gewesen. Was die literarischen Zeitgenossen größtenteils an den Texten Hoffmanns ablehnten, ihre Hinwendung zum Unbewussten und Abgründigen, Abseitigen und Fantastischen, galt und gilt heute als modern. Was für Goethe willkürlich und »krankhaft«, Ausdruck von Verirrungen des Geistes war, weckt gerade heute das Interesse vieler Autoren, wie etwa Christa Wolf, Günter Kunert, Franz Fühmann und Peter Härtling.

Gerade ihre Adaptionen und Fortschreibungen des Werkes von Hoffmann zeigen dessen Vielbezüglichkeit und Vielschichtigkeit. Zumal im *Sandmann* hat der Dichter ja, wie wir gesehen haben, ein eng geknüpftes Netz an Motiven und Bildern über die Handlung gelegt. Durch Variation und

Wiederholungen ergibt sich eine Fülle an rätselhaften Korrespondenzen und geheimnisvollen Anspielungen. Diese sind zwar auf Entschlüsselung durch den Leser angelegt, doch immer wieder entziehen sie sich auch seinem Zugriff und seinen Deutungsversuchen.

9. Checkliste

Inhalt

1. Welche Gefühle und Vorstellungen verbinden Sie mit dem Titel der Erzählung? Warum hat Hoffmann sie so benannt? Machen Sie weitere Titelvorschläge.
2. Skizzieren Sie den Lebensweg Nathanaels? Welche Erlebnisse verändern sein Leben? Wie reagiert er auf sie? Warum begeht er Selbstmord?
3. Welche Bedeutung und Funktion haben die drei dem Erzählbericht vorangestellten Briefe?
4. Untersuchen Sie die ersten beiden Briefe des Textes. Wie stellen sich die beiden Hauptfiguren Nathanael und Clara in ihnen dar? Wie sehen sie jeweils den anderen?
5. Wie beurteilen Sie den Sachverhalt, dass Nathanael den für Lothar bestimmten Brief an Clara adressiert?
6. Rekonstruieren Sie Claras Argumentation in ihrem Schreiben an Nathanael. Wie versteht sie seine Geschichte vom Sandmann? Verfassen Sie ein Antwortschreiben Nathanaels an Clara.
7. Beschreiben Sie das Milieu, dem Nathanael entstammt. Erläutern Sie die sozialen Verhältnisse und die Bedingungen der Familie, unter denen er aufwächst.
8. Welche Beziehungen hat Nathanael zu seinen Eltern?
9. Eine fiktive Alternative: Nathanael hat in seiner Jugend ein Tagebuch geführt. Was hat er nach dem Tod des Vaters ins Tagebuch notiert?
10. Wie lernt Nathanael Olimpia kennen?
11. Warum entfernt sich Nathanael im Handlungsverlauf von Clara und wendet sich Olimpia zu?

12. Untersuchen Sie die Schlussszene der Erzählung. Wodurch wird die Katastrophe ausgelöst? Welche Motive aus der Erzählung tauchen hier auf? Wie kann man Nathanaels Rückfall in den Wahnsinn erklären?
13. Wie beurteilen Sie den Schlusssatz der Erzählung?

Personen

1. Charakterisieren Sie Nathanael in Form einer Rollenbiografie.
2. Rekapitulieren Sie die einzelnen Stationen, wo sich in Nathanael Bilder vom Sandmann entwickeln.
3. Wie beschreibt und charakterisiert Nathanael den Advokaten Coppelius? Welche Wirkungen lösen dessen Besuche in der Familie bei ihm aus?
4. Weshalb wird Nathanael durch Coppola an Coppelius erinnert? Vergleichen Sie Coppelius und Coppola miteinander.
5. Kennzeichnen Sie Claras Weltauffassung und Lebensführung? Wie bewerten Sie diese?
6. Wie charakterisiert der Erzähler Clara?
7. Welche Auffassung von der Dichtkunst hat Nathanael? Wie äußert sich diese in den Texten, die er selbst verfasst?
   Wie beurteilt Clara seine Dichtungen?
8. Wie sieht Nathanael Olimpia? Was fasziniert ihn an ihr?
9. Vergleichen Sie Clara und Olimpia im Hinblick auf ihr Aussehen und ihre Verhaltensweisen.
10. Erarbeiten Sie die Figurenkonstellation des Stückes.

Werkaufbau

1. Weshalb hat Hoffmann darauf verzichtet, seine Erzählung in Kapitel aufzuteilen?
2. Wo liegen die Wendepunkte der Geschichte?
3. Wie ist die Erzählung aufgebaut?
4. In Nathanaels Brief an Lothar wird eine dualistische Weltsicht deutlich. Zeigen Sie anhand der Adjektive auf, worin dieser Dualismus liegt und wie er zu erklären ist. In welcher Weise prägt er die Struktur des Textes?

Aspekte der Interpretation

1. Erläutern Sie den Begriff *Nachtstücke* anhand eines Bildes aus der Romantik. Zeigen Sie auf, weshalb *Der Sandmann* durch diese Genrebezeichnung charakterisiert werden kann.
2. Informieren Sie sich in einem Wörterbuch darüber, wie der Begriff des Unheimlichen zu verstehen ist. Grenzen Sie ihn von verwandten und ähnlichen Begriffen ab.
3. Sigmund Freud schreibt in seiner Studie *Über das Unheimliche*: »Das Unheimliche des Erlebens kommt dadurch zustande, wenn verdrängte *infantile* Komplexe durch einen Eindruck wieder belebt werden, oder wenn *überwundene* primitive Überzeugungen wieder bestätigt scheinen.« Veranschaulichen und erläutern Sie diese Behauptung an Hoffmanns Erzählung.
4. Welche Motive und Schwierigkeiten hat der Erzähler, mit seiner Geschichte zu beginnen?
5. Eine der Möglichkeiten, mit der Geschichte anzufangen, ist der Einstieg »medias in res«. Übernehmen Sie den

vom Erzähler hypothetisch ins Spiel gebrachten Textanfang (»›Scher Er sich zum Teufel‹, rief, Wut und Entsetzen im wilden Blick, der Student Nathanael, als der Wetterglashändler Guiseppe Coppola«, 19) und schreiben Sie ihn fort.

6. Ist der Erzähler für Sie eher ein Aufklärer oder ein Romantiker?
7. Inwiefern ist *Der Sandmann* auch »Literatur über Literatur«? Analysieren Sie das Verhältnis von Künstler und Bürger.
8. Formulieren Sie Argumente dafür, die Geschichte Nathanaels als psychopathologische Fallstudie zu lesen. Welche Argumente sprechen dagegen?
9. Stellen Sie Handlungsabschnitte und Textpassagen zusammen, in denen das Augenmotiv eine Rolle spielt. Welche Gemeinsamkeiten, welche Unterschiede lassen sich in der Gestaltung des Motivs feststellen?
10. Welche Rolle spielt das Perspektiv im Geschehniszusammenhang der Erzählung? Welche Bedeutung hat es für Nathanael?
11. Stellen Sie Handlungsabschnitte und Textpassagen zusammen, in denen das Automatenmotiv eine Rolle spielt. Mit welchen Merkmalen charakterisiert der Erzähler den Automaten?
12. Vergleichen Sie die Darstellung des Automaten im *Sandmann* mit der Auffassung, die Ludwig in Hoffmanns Erzählung *Die Automate* vertritt.
13. Wie stellt Hoffmann in seiner Erzählung die Gesellschaft dar? Untersuchen Sie in diesem Zusammenhang vor allem die Textpassagen, in denen der Dichter die Folgen der Olimpia-Episode schildert. Wie wird der Skandal um Olimpia von den ästhetischen Tee-

gesellschaften aufgenommen? Welche Haltung nimmt der Erzähler bei der Darstellung der Teegesellschaften ein?

Rezeption

1. Wie erklären Sie sich, dass Hoffmann zu seiner Zeit eine Art Bestseller-Autor war?
2. Wie reagierten die literarischen Zeitgenossen auf den *Sandmann*?
3. Nehmen Sie Stellung zu Goethes Beurteilung von Hoffmanns Leben und Werk.
4. Verfassen Sie für die Schülerzeitung Ihrer Schule eine Rezension zur Erzählung. Machen Sie darin deutlich, ob Sie den Text für eine geeignete Schullektüre halten.
5. Wie würden Sie den *Sandmann* verfilmen? Entwickeln Sie Ideen für ein filmisches Konzept und ein Drehbuch.

10. Lektüretipps / Filmempfehlungen

Ausgaben

E. T. A. Hoffmann: Der Sandmann. Hrsg. von Rudolf Drux. Stuttgart: Reclam, 2004. – *Reformierte Rechtschreibung. Nach dieser Ausgabe wird zitiert.*

Der Automaten-Mensch. E. T. A. Hoffmanns Erzählung vom »Sandmann«. Mit Bildern aus Alltag und Wahnsinn. Auseinandergenommen und zusammengesetzt von L. Wawrzyn. Berlin 1976. (Wagenbach Taschenbücher 24.)

E. T. A. Hoffmann: Der Sandmann. In: E. T. A. Hoffmann. Sämtliche Werke in sechs Bänden. Bd. 3. Nachtstücke. Klein Zaches. Prinzessin Brambilla. Werke 1816–1820. Hrsg. von Wulf Segebrecht und Hartmut Steinecke. Frankfurt a. M. 1985. S. 11–49.

E. T. A. Hoffmann: Nachtstücke. Mit einem Nachw., einer Zeittaf. zu E. T. A. Hoffmann, Anm. und bibliograph. Hinw. von Franz Loquai. München 1996.

E. T. A. Hoffmann: Der Sandmann. Mit einem Kommentar von Peter Braun. Frankfurt a. M. 2003.

Gesamtdarstellungen

Arnold, Heinz Ludwig (Hrsg.): E. T. A. Hoffmann. München 1992.

Auhuber, Friedhelm: In einem fernen dunklen Spiegel. E. T. A. Hoffmanns Poetisierung der Medizin. Opladen 1986.

Gröble, Susanne: E. T. A. Hoffmann. Stuttgart 2000.
Kaiser, Gerhard R.: E. T. A. Hoffmann. Stuttgart 1988.
Kremer, Detlef: E. T. A. Hoffmann. Erzählungen und Romane. Berlin 1999.
Matt, Peter von: Die Augen der Automaten. E. T. A. Hoffmanns Imaginationslehre als Prinzip seiner Erzählkunst. Tübingen 1971.
Magris, Claudio: Die andere Vernunft. E. T. A. Hoffmann. Königstein i. Ts. 1980.
Prang, Helmut (Hrsg.): E. T. A. Hoffmann. Darmstadt 1978.
Safranski, Rüdiger: E. T. A. Hoffmann. Eine Biographie. Reinbek bei Hamburg 1992.
Steinecke, Hartmut: E. T. A. Hoffmann. Stuttgart 1997.

Kommentare und Erläuterungen

Drux, Rudolf: Erläuterungen und Dokumente: E. T. A. Hoffmann. Der Sandmann. Stuttgart 1994.
Giese, Peter Christian: E. T. A. Hoffmann. Stuttgart 1995.
Grobe, Horst: E. T. A. Hoffmann. Der Sandmann. Hollfeld 2001.
Hohoff, Ulrich: E. T. A. Hoffmann. Der Sandmann. Textkritik, Edition, Kommentar. Berlin 1988.

Interpretationen

Aichinger, Ingrid: E. T. A. Hoffmanns Novelle »Der Sandmann« und die Interpretation Freuds. In: Zeitschrift für deutsche Philologie 95 (1976) Sonderheft: E. T. A. Hoffmann. S. 113–132.
Bekes, Peter: Der Sandmann. Mediale Umgebungen zu

E.T.A. Hoffmanns Erzählung. In: Deutschunterricht 57 (2004) S. 38–46.

Bönnighausen, Marion: E.T.A. Hoffmann. Der Sandmann / Das Fräulein von Scuderi. München 1999. S. 9–67.

Elling, Barbara: Die Zwischenrede des Autors in E.T.A. Hoffmanns *Sandmann*. In: Mitteilungen der E.T.A.-Hoffmann-Gesellschaft 18 (1972) S. 47–53.

Feldges, Brigitte / Ulrich Stadler: E.T.A. Hoffmann. Epoche – Werk – Wirkung. München 1986. S. 135–152.

Freud, Sigmund: Das Unheimliche. In: Psychologische Schriften. Studienausgabe. Bd. 4. Hrsg. von Alexander Mitscherlich. Frankfurt a.M. 1970. S. 241–274.

Gendolla, Peter: Die lebenden Maschinen. Zur Geschichte des Maschinenmenschen bei Jean Paul, E.T.A. Hoffmann und Villiers de l'Isle-Adam. Marburg 1980. S. 164–189.

Hartung, Günter: Anatomie des Sandmanns. In: Weimarer Beiträge 23 (1977) H. 9. S. 45–65.

Koebner, Thomas: E.T.A. Hoffmann: *Der Sandmann* (1816). In: Interpretationen. Erzählungen und Novellen des 19. Jahrhunderts. Bd. 1. Stuttgart 1988. S. 257–307.

Kremer, Detlef: E.T.A. Hoffmann. Erzählungen und Romane. Berlin 1999. S. 64–86.

Orlowsky, Ursula: Literarische Subversion bei E.T.A. Hoffmann. Nouvelles vom »Sandmann«. Heidelberg 1988.

Schmidt, Jochen: Die Krise der romantischen Subjektivität. E.T.A. Hoffmanns Künstlernovelle *Der Sandmann* in historischer Perspektive. In: Literaturwissenschaft und Geistesgeschichte. Festschrift für Richard Brinkmann. Hrsg. von Jürgen Brummack [u.a.]. Tübingen 1981. S. 348–370.

Sommerhage, Claus: Hoffmanns Erzähler. Über Poetik und

Psychologie in E.T.A. Hoffmanns Nachtstück *Der Sandmann*. In: Zeitschrift für deutsche Philologie 106 (1987) S. 513–534.

Walter, Jürgen: Das Unheimliche als Wirkungsfunktion. Eine rezeptionsästhetische Analyse von E.T.A. Hoffmanns Erzählung *Der Sandmann*. In: Mitteilungen der E.T.A.-Hoffmann-Gesellschaft 30 (1984) S. 15–33.

Filmempfehlungen

Der Sandmann. Regie: Dagmar Damek. Helikon-Film. München: Bayerischer Rundfunk 1983.

E.T.A. Hoffmann: Der Sandmann. Regie: Eckart Schmidt. Raphaela-Film. München 1993.

Anmerkungen

1 Ulrich Greiner, »Die ZEIT-Schülerbibliothek«, in: *DIE ZEIT,* Nr. 42 vom 10.10.2002.
2 Gerhard R. Kaiser, *E. T. A. Hoffmann*, Stuttgart 1988, S. 52.
3 Peter Christian Giese, *E. T. A. Hoffmann,* Stuttgart 1995, S. 43.
4 Peter Braun, *E. T. A. Hoffmann, Der Sandmann,* Frankfurt a. M. 2003, S. 77.
5 E. T. A. Hoffmann, *Nachtstücke.* Mit einem Nachw., einer Zeittaf. zu E. T. A. Hoffmann, Anm. und bibliograph. Hinw. von Franz Loquai, München 1996, S. 331.
6 Detlef Kremer, *E. T. A. Hoffmann, Erzählungen und Romane,* Berlin 1999, S. 67.
7 Kremer, ebenda, S. 73.
8 Kaiser (Anm. 2), S. 53.
9 Zitiert nach: *Der Automaten-Mensch. E. T. A. Hoffmanns Erzählung vom »Sandmann«.* Mit Bildern aus Alltag und Wahnsinn. Auseinandergenommen und zusammengesetzt von Lienhard Wawrzyn, Berlin 1976, S. 100.
10 E. T. A. Hoffmann, *Sämtliche Werke in 6 Einzelbänden,* hrsg. von Walter Müller-Seidel, Friedrich Schnapp [u. a.], München 1960–81. S. 370 f.
11 Ulrich Stadler, *E. T. A. Hoffmann. Epoche – Werk – Wirkung,* München 1986, S. 143.
12 Uwe Schweikert, »Die Sprache anderen Wünschen öffnen. Über die Sprache der Verrücktheit«, in: *Neue Rundschau* 93 (1982) H. 1, S. 156.
13 Friedhelm Auhuber, *In einem fernen dunklen Spiegel. E. T. A. Hoffmanns Poetisierung der Medizin,* Opladen 1986, S. V.
14 *Goethes Werke*, hrsg. im Auftr. der Großherzogin Sophie von Sachsen, *Weimarer Ausgabe*, Abt. 1, Bd. 42,1, Weimar 1904, S. 88.
15 Johann Peter Eckermann, *Gespräche mit Goethe in den letzten Jahren seines Lebens.* Mit einer Einführung hrsg. von Ernst Beutler, München 1976, S. 332.
16 Heinrich Heine, *Die romantische Schule*, Stuttgart 1976, S. 96 f.
17 Zitiert nach: Rudolf Drux, *Erläuterungen und Dokumente, E. T. A. Hoffmann, »Der Sandmann«*, Stuttgart 1994, S. 68.
18 Zitiert nach: Drux, ebenda, S. 67.

Raum für Notizen